Gadamer
Der Anfang des Wissens

Die Russen kommen

Philosoph Gadamer ausgezeichnet

Der 100 Jahre alte Heidelberger Philosoph Hans Georg Gadamer hat die Ehrendoktorwürde der Universität St. Petersburg erhalten. Die Verleihung durch die Rektorin Ludmila Verbitskaya fand in Heidelberg statt. Die russischen Gäste würdigten Gadamer als einen Denker, dessen „zweite philosophische Heimat Russland" sei. Der Nestor der deutschen Philosophie wurde jüngst auch zum Ehrenbürger von Palermo und Heidelberg und Ehrenprofessor der Moskauer Lomonossow-Universität ernannt. dpa

Juli 2000

„Mood Indigo", bei der Barber und seine sieben Mitstreiter bewiesen, was langjährige Zusammenarbeit wert ist.

Fast zum Slapstick geriet ein Skiffle-Blues, den Bassist Vic Pitt mit Colin Miller besorgte. Und der tanzte mit wirbelnden Sticks erst um sein Schlagzeug herum, bevor er auf den Saiten seines Kollegen anlangte. Klingt gut! Auf kurzweilige, kompakte Dialoge verstehen sich auch Banjospieler Paul Sealey und Gitarrist John Slaughter. Von Trompeter Pat Halcox gar nicht zu reden, der sich wie Barber seit 1954 auf die heißen Rhythmen aus New Orleans verlegt hat und als Alter Ego des Band-Chefs fungiert. Yeah, die musikalische Botschaft kam an.

ULRICH MÖLLER-ARNSBERG

Hans-Georg Gadamer

Der Anfang des Wissens

Philipp Reclam jun. Stuttgart

Universal-Bibliothek Nr. 9756

Gesamtherstellung: Reclam, Ditzingen. Printed in Germany 1999

ISBN 3-15-009756-8

Inhalt

Einleitung

Meine 1988 in Neapel in italienischer Sprache gehaltenen Vorlesungen, die 1993 unter dem Titel *L'inizio della filosofia occidentale* erschienen, liegen inzwischen dank der Arbeit von Professor Vittorio De Cesare und Dr. Joachim Schulte auf deutsch vor: *Der Anfang der Philosophie* (1997; Reclams Universal-Bibliothek, 9495).

Jedermann glaubt zu wissen, daß mit Thales von Milet die Geschichte der Philosophie beginne, und man beruft sich dafür mit Recht auf Aristoteles (*Metaphysik* A). Seit der deutschen Romantik, dank Schleiermacher und Hegel, nennt man diese Anfänge der Philosophie »Die Vorsokratik«. Man weiß, daß das, was uns aus der Frühzeit der Philosophie überliefert ist, in Wahrheit nur Zitate oder Bruchstücke von Texten sind.

Ich wollte nun in meinen Neapeler Vorlesungen zeigen, daß man diese trümmerhafte Überlieferung der Vorsokratik nur zum Sprechen bringen kann, wenn man die ersten wirklich erhaltenen philosophischen Texte ständig im Blick behält. Bei diesen Texten handelt es sich einerseits um die platonischen Dialoge, andererseits um die gewaltige Masse der Schriften des Aristoteles, das Corpus Aristotelicum. Immerhin gibt es unter all den Bruchstücken von Überlieferung eine Ausnahme, nämlich den großen zusammenhängenden Text des Anfangs des Lehrgedichts des Parmenides. Wir verdanken diesen Text der zuverlässigen Abschrift eines großen Gelehrten der letzten Generation, der als ein bedeutendes Mitglied zur Akademie in Athen gehörte, mit Namen Simplicius.

Er lebte kurz vor der Auflösung der von Platon gegründeten Akademie und hat auch hervorragende Kommentare, vor allem zur *Physik* des Aristoteles, hinterlassen.

Jahrhunderte später sollte dann Athen das Opfer des vordringenden Islam werden, mit dem auch das oströmische Reich von Byzanz sein Ende fand. Gleichwohl bedeutet diese ruhmreiche Stätte griechischen Denkens eine sehr wichtige Auslösung der Entstehung des Humanismus in Italien und den Anbruch der Epoche der Renaissance. In Wahrheit hatte der Humanismus, und vor allem auch unsere Überlieferung der griechischen Kultur, schon in der Antike mit dem Aufstieg Roms seinen ersten Beginn. Es war der Kreis der Scipionen, der nach der siegreichen Zurückweisung der punischen Bedrohung eine neue Orientierung der römischen Gesellschaft und eine neue Erziehung ihrer Jugend eröffnete, die sich an den griechischen Vorbildern ausrichtete. Man denke nur an Ciceros Studien. In der Kaiserzeit erfuhr die griechische Kultur dann sogar eine solche Ausbreitung des Griechischen und eine solche Konsolidierung, daß man am Hofe des römischen Kaisers überhaupt nur griechisch sprach. Dieser Tatsache verdanken wir auch den genialsten Denker dieser »hellenistischen« Epoche, Plotin. Dessen Schüler haben dann jahrhundertelang dieses Erbe innerhalb des fortbestehenden römischen Weltreiches erfolgreich verwaltet. Vor allem hat die spätere Ausdehnung der christlichen Kirche und die von ihr entwickelte Kultur es der Arbeitsdisziplin der Mönche zu danken, daß die griechische Kultur bis in die Neuzeit hinein vermittelt wurde.

Es bleibt schicksalhaft und bestimmend, daß auf diesen Wegen das Lehrgedicht des Parmenides nur in seinem ersten einleitenden Teil auf uns gekommen ist. In Wahrheit folgt Simplicius mit seiner Abschrift des in Athen vorgefundenen Textes der grundlegenden Tatsache, daß Aristoteles sich in seiner *Physik* überhaupt nur für dieses (allein erhaltene) einleitende Stück des Lehrgedichts interessiert hat. Der ganze Text war in der klassischen Dichtersprache Homers, in Hexametern, verfaßt. Die einleitenden Verse dieses ersten erhaltenen Teils zeigen den Denker Parmenides zugleich als einen großen Schriftsteller, der durch den Mund einer Göttin die große Wahrheit des Seins, die völlige Nichtigkeit des Nichts, ausspricht und begründet. Der weitaus umfangreichere, nicht erhaltene Teil des Lehrgedichts hatte die damalige Kosmologie und Astronomie, aber doch wohl auch, wie einzelne Bruchstücke verraten, die dem Menschen erschlossene Welterfahrung behandelt. Offenbar wurde die Weisung der Göttin, die Nichtigkeit des Nichts abzuweisen, befolgt. Sie hat wohl den Wechsel des Naturgeschehens mit seinem wunderbaren Rätsel des Rhythmus von Tag und Nacht, von Erscheinung und Verhüllung, zur Darstellung gebracht. Man darf annehmen, daß dieses von Parmenides entwickelte anschließende Weltbild durch den inzwischen erreichten Fortschritt der Wissenschaft überholt und deswegen aus der Sicht des Platon und Aristoteles zu vernachlässigen war.

Es ist also ein bedeutsamer Zufall, wenn mein kleines Büchlein über den Anfang der Philosophie, dem die italienischen Vorlesungen zugrunde lagen, gerade hier mit Parmenides abbricht – wie eben alle Vorlesungen nach Ablauf der Zeit abbrechen.

Nun gab es aber einen anderen Zeitgenossen von Parmenides, von dem wir zwar keinen zusammenhängenden Text besitzen, dafür jedoch einen enormen Reichtum von tiefsinnigen Zitaten, die in hellenistischer Zeit in Buchform weit verbreitet waren. Es handelt sich um Heraklit, »den Dunklen«, wie er in der Überlieferung oft zitiert wird.

In der Forschung war es jahrhundertelang eine strittige Frage, wie sich die beiden großen Zeitgenossen, Parmenides und Heraklit, zueinander verhalten. In der Mitte des 19. Jahrhunderts glaubten die Philologen diese Frage beantwortet zu haben. Danach stellte das Lehrgedicht des Parmenides die Antwort auf die Flußlehre des heraklitischen Denkens dar, die Parmenides kritisch zurückgewiesen habe. Das ist bis heute in den Ausgaben der Vorsokratiker für die Anordnung bestimmend geblieben. Karl Reinhardts Buch von 1916 hat die Lage geändert. Seitdem wagen wir nicht mehr, zwischen Parmenides und Heraklit überhaupt eine Beziehung zu behaupten.

Heraklit stammte – wie die Überlieferung eindeutig klarmacht – aus einer vornehmen Familie in Ephesos, also einer Stadt an der Küste Kleinasiens, die genau in dieser Epoche dem Druck der persischen Expansion ausgesetzt war, dem sie auf die Dauer nicht standhalten sollte. Heraklit wird ausdrücklich als ein Warner vor der drohenden persischen Invasion gerühmt. In Wahrheit stehen wir an einem Wendepunkt in der Kulturgeschichte des gesamten Abendlandes: Wir befinden uns im sogenannten Kolonialzeitalter, in dem zum Beispiel die Besiedlung der südlichen italienischen Halbinsel durch die Griechen stattfand und das vor allem auch Sizilien und den Küstenländern des Mittelmeeres eine griechische Prägung verlieh. Dazu gehörte auch die Neugründung von Elea, wo Parmenides gelebt und dank der von Xenophanes empfangenen Lehren eine ›Schule‹ entwickelt hat, die man die ›eleatische‹ nennt.

Es ist offenkundig, daß die koloniale Ausdehnung Griechenlands auf den gesamten Mittelmeerraum und ihre besondere Zentrierung in Sizilien und Unteritalien vor allem dem immer stärker werdenden persischen Druck auf die Ägäis zuzuschreiben war. Erst nach der siegreichen Verteidigung des griechischen Mutterlandes in den sogenannten Perserkriegen begann ein neuer Aufschwung geistiger Kultur, vor allem in Athen. Man möchte gerne wissen, wie sich eigentlich die geistige Entwicklung der griechischen Gesamtkultur zwischen der neuen Kolonialwelt und dem Mutterland gestaltet hat. Von Heraklit wissen wir darüber überhaupt nichts.

Die Selbstverständlichkeit, mit der sich die Forschung später die Frage nach dem Verhältnis der beiden Denker gestellt hat, ist in Wahrheit befremdlich. Man bedenke nur, daß das Lehrgedicht des Parmenides in Hexametern geschrieben war, während das sogenannte Buch des Heraklit, dessen genauen Anfang wir durch Zufall kennen, weil es bei Aristoteles zitiert ist, einen Reichtum von tiefsinnigen, kunstvollen Sentenzen enthielt und jedenfalls eine völlig andere Prosa bietet. Es sind nicht so sehr Fragmente, als vielmehr Zitate berühmter und weitverbreiteter Spruchweisheit. Solche Sprüche hatten schwerlich einen zusammenhängenden Prosatext gebildet. Man darf eher vermuten, daß die Meisterschaft dieser Stilgebung, die auch wir zu bewundern haben, von gänzlich anderer Herkunft ist als die epische Kunstform von Homer und Hesiod. Ob es überhaupt sinnvoll ist, aus den uns überlieferten Zitaten thematische Gruppen zu isolieren und das Ganze als einen prosaischen Text anzusehen, den wir freilich nur bruchstückweise verstehen würden, ist sehr fraglich. Vor allem ist dagegen einzuwenden, daß Spruchsammlungen zum Schrifttum der Zeit gehörten und daß auch sie thematische Gruppierungen erkennen lassen. Uvo Hölscher hat in seinem Aufsatz »Heraklit zwischen Tradition und Aufklärung«[1] wohl richtig gesehen, daß Heraklit sein eigenes Manuskript tatsächlich im Tempel von Ephesos niedergelegt hat und daß er niemals selber, wie es sonst bei Autoren üblich war, seinen Text öffentlich vorgelesen hat. Es ist sicher auch richtig, daß Heraklit gar kein Begründer einer Schule sein wollte. Man spürt auch in der Stilgebung eine Art von neuer Rhetorik, die schon für das Lesen und nicht für den Vortrag bestimmt war – um so mehr bot sich dieser Stil für Zitate an.

Das in stoischer Zeit bekannte Buch und erst recht die berichtete Kapiteleinteilung aus späthellenistischer Zeit geht wohl kaum auf Heraklit selbst zurück. Hölscher wie Kahn[2] sind jedoch so weit auf dem rechten Wege, als beide weniger einen Wettbewerb mit Lehrbüchern in der Überlieferung Heraklits vermuten als vielmehr eine neue Form von Literatur. Beider Ergebnis stärkt mich in der Überzeugung, daß Heraklit weit jünger ist als die sogenannten ›Eleaten‹ Xenophanes und Parmenides. Im Grunde war Heraklit selbst ein Aufklärer, freilich ein Denker ohne sophistisches Theater. Beide Autoren sehen mit Recht, was ich seit längerem schon vertrete, daß Heraklits Werk nicht in die Reihe der Kosmogonien gehört und nicht Hesiod folgte. Ob ihm die Kosmologie

1 In: *Antike und Abendland* 31 (1985) S. 1–24.
2 Charles H. Kahn, *The Art and Thought of Heraclitus*, Cambridge 1979.

überhaupt sehr nahe lag und nicht vielmehr das Ganze des menschlich-politischen Lebens? Man bedenke: Heraklit hat einen neuen Begriff von Psyche und Logos, wie ihn auch die Dichter nicht kennen. So sehr ist er in allem ein Sucher seiner selbst.

Es ist zudem sehr bedeutsam, daß Heraklit im platonischen Dialogwerk mit besonderer Ehrfurcht genannt und zitiert wird, wohingegen Aristoteles sich mit Heraklit zwar vertraut zeigt, ihm aber kein besonderes Interesse abgewinnt. Man kann bei der pointierten Schreibweise Heraklits verstehen, wenn sie dem Logiker Aristoteles nicht behagte. Die paradoxe Denkform in Widersprüchen, die die Sentenzen des Heraklit prägt, konnte jedenfalls für die *Physik* des Aristoteles keine große Hilfe sein.

Man kann das an einem besonderen Beispiel verdeutlichen: Daß die kosmologische Tradition der Schule von Milet sich von Heraklits Denken in größerem Abstand befand, möchte ich an dem Begriff der Seele, ψυχή, illustrieren. Für die Milesier war die Seele der Hauch des Atems, für Heraklit dagegen ist die Seele das große Geheimnis unerforschlicher Grenzenlosigkeit, in der sich die denkende Seele bewegt. Die Form der Gnome, der Sentenz, ist nicht nur im Falle Heraklits, sondern auch in vergleichbaren Fällen durch eine eigene Grundhaltung geprägt. Wer Heraklit zitiert, hat nicht eine Kosmologie im Kopf. Wenn die spätere, siegreiche empedokleische Lehre von den vier Elementen dem Stil des Aristoteles zugrunde liegt, hat man wahrlich mit dem Feuer seine liebe Not. Schon Anaximander hatte ja mit seiner geistreichen Hypothese über die Sterne die verzehrende und unbegrenzbare Zerstörungskraft des Feuers durch Löcher im Firmament erklärt. Aber wie die Seele bei Heraklit eine neue Dimension der Innerlichkeit bezeichnet, ist das Feuer nach Heraklit überall dort da, wo Wärme ist, also nicht nur am Firmament, sondern überall, wo Lebenswärme ist.

Man sollte auch den späteren Bericht, wonach das Buch des Heraklit überhaupt nichts mit der Natur zu tun gehabt habe, sondern vielmehr mit der Polis und der Politik, nicht so beiseite schieben, wie es die Philologie bisher getan hat. Man sieht an diesem Beispiel, wie in der Traditionsbildung über die Vorsokratiker die *Physik* des Aristoteles sich im Verhalten der Forschung immer wieder durchgesetzt hat.

Man wird sich fragen müssen, wie nicht nur Heraklit, sondern ebenso Parmenides, beide als Vermittler der Anfänge des griechischen Philosophierens, ihre Funktion ausüben. Befragen wir daraufhin das Werk der beiden. Der platonische Dialog *Parmenides* gibt einen deutlichen Hinweis. Es ist Zenon, der hier das Gespräch mit dem jungen Sokrates eröffnet und damit den Weg zu der mathematischen Grundlegung der Pythagoreer frei macht. Man ahnt, wie am Ende sich die Atomtheorie meldet. Sie hält ja an der Nichtigkeit des Nichts und an der Unveränderlichkeit des Seins selbst fest. Denn alle Erscheinungen und Wirkungen bewegen die unveränderlichen Atome. Das wahre Sein des Parmenides, über das ihn die Göttin belehrt, wird so am Ende bestätigt in der Vielheit seiner Erscheinungen. Weder Entstehen noch Vergehen ist in einer solchen Korpuskulartheorie mit dem Ungedanken des Nichts belastet. Schwieriger erscheint die massive Gegenthese, die man bei Heraklit als die eigentliche Wahrheit sieht, daß alles sich ständig verändert und daß in diesem Strom, der dahinfließt, die eine Welt ihr wahres Sein hat. Man kann sich immerhin vorstellen, daß das Geheimnis von Tod und Geburt, das sich allen Denkversuchen entzieht, das wahre Sein des Parmenides und seiner Göttin bestätigt. Freilich können wir beim Lesen heraklitischer Sprüche gewiß nicht in jedem Fall dem Dunkeln folgen, aber immer spürt man das tiefe Geheimnis des Einen, des Eins-Seins.

Nicht ohne Absicht schicke ich der Besinnung auf den Stil Heraklits eine Arbeit über die Überlieferung Heraklits voraus. Auf eine schlagende Weise scheint sie mir zu bestätigen, daß Gegensätze unlösbar zusammengehören. Hippolytos (3. Jahrhundert n. Chr.) wagt vor der Übermacht der Selbigkeit des Verschiedenen aufgrund seiner christlichen Herkunft einen kühnen Anachronismus, der dem Verständnis des Geheimnisses der Trinität dienen soll. Ich glaube gezeigt zu haben, daß Hippolytos für die Anwendung auf die Trinität von einer so schlichten Wahrheit ausgegangen ist wie der des Heraklit, daß der Vater, der einen Sohn zeugt, sich selber zugleich zum Vater macht. Das sind gedankliche Versuchungen, wie sie in dialektischer Spruchweisheit stecken. Sie bieten sich immer wieder für besondere Möglichkeiten als Formel an. Die Einbeziehung der Atomtheorie darf man daher nicht so überraschend finden. Das Neue und Wesentliche ist, daß es die Sprache selber ist, die die Einheit der Gegensätze beweist. Man spürt, wie dem Logos ein neuer Herrschaftsbereich geöffnet ist, der sich selbst in Hexametern nicht abbilden läßt. Zenon wird im platonischen *Parmenides*-Dialog als einer vorgeführt, der sich in Wahrheit von dem Einen nicht trennen kann, auf dem Parmenides besteht. Nicht anders wird das Bestehen des Sokrates auf dem Eidos, der Idee, gesehen, als ob durch die Ausschließung des Vielen das Eine des Seins seinen Sinn ohne das Viele behielte. Die berühmten zenonischen Paradoxien sind das klassische Beispiel für dieses selbstbereitete Schicksal.

Es ist wie eine neue Anweisung, die Einheit in dem sich Verändernden zu erkennen und festzuhalten. Das macht alle heraklitischen Sätze zu einer Wahrheit von unergründlicher Tiefe. Man kann verstehen, daß die Macht des Logos das Widersprüchliche immer schon als eine Einheit begriffen hat, das heißt, daß gerade in der Andersartigkeit des Geschehens nicht der Wandel, sondern das bleibende Sein die Anwendung auf Heraklit und eine Auszeichnung als Herakliteer rechtfertigt – wie es in Platons *Theätet* ausgesprochen wird und wie im *Sophistes* die Wahrheit der Ideen lehrt.

Den Abschluß des Bandes bildet ein vor der Accademia dei Lincei in Rom gehaltener Vortrag. Es ist unsere Aufgabe, immer wieder darauf hinzuweisen, daß unsere Wissenschaftskultur der wachsamen Begleitung der Aufklärung ihr Können verdankt und – in einem großen Bogen vom Anfang der Philosophie an – immer wieder an die Grenzen erinnert wird, die dem Wissen und dem Können der Menschheit gesetzt sind. Es ist der Bogen von der Atomtheorie Demokrits über Galilei bis zu den Grenzerfahrungen unseres Wissens und seiner Anwendung.

Zur Überlieferung Heraklits

Es war nicht Hegel allein, den der Tiefsinn Heraklits anzog, er, der überzeugt war, daß in Heraklits Sätzen kein Gedanke sei, den er nicht selber in seine Logik aufgenommen habe. In der Tat sind die orakelgleichen Paradoxe, die von Heraklit überliefert werden, von einzigartiger Faszination. Variationen eines und desselben Gedankens, des Gedankens des Einen und Desselben, das in der Differenz, der Spannung, der Gegensätzlichkeit, der Folge und des Wechsels das allein Wahre ist, erscheint der Logos des Heraklit wie der Wahrspruch dessen, was Hegel am Ende der metaphysischen Tradition des Abendlandes ›das Spekulative‹ nannte. Wo philosophisches Fragen in Bewegung gerät, wird seither die Nähe Heraklits gefühlt. Wer je in Heideggers Hütte in Todtnauberg zu Gast gewesen ist, erinnert sich des Spruches, der dort in eine Borke geritzt über dem Türsturz angebracht war: τὰ δὲ πάντα οἰακίζει κεραυνός »Alles steuert der Blitz« (Fr. 64). Diese Worte sind selbst wie ein Orakelspruch und ein Paradox zugleich. Denn gewiß ist nicht das Attribut des Himmelsherrschers, mit dem er seine Entscheidungen auf die Erde herabdonnert, in diesem Spruch gemeint, sondern das Jähe blitzhafter Erhellung, die alles mit einem Schlage sichtbar macht, doch so, daß das Dunkel es gleich wieder verschlingt. So wenigstens dürfte Heidegger sein eigenes Fragen an Heraklits Tiefsinn rückgebunden haben. Denn ihm war nicht wie Hegel die Allgegenwart des sich wissenden Geistes, der in sich Selbigkeit im Wechsel und die spekulative Einheit der Gegensätze vereint, der dunkle Auftrag seines Denkens, sondern eben jene unauflösliche Einheit und Zweiheit von Entbergung und Verbergung, Helle und Dunkel, in die sich das menschliche Denken eingefügt findet. Sie flammt in dem Blitz, der ganz gewiß nicht das ›ewige Feuer‹ vertritt, wie Hippolytos meinte.

Wir, die wir dem Denkanstoß Heideggers die eigene Bewegung unserer Denkversuche verdanken, erliegen der gleichen Faszination, die von Heraklit ausgeht, und in dem gleichen Sinne. Die Worte Heraklits, zu denen es, wie Sokrates sagte, eines delischen Tauchers bedarf, um sie aus der dunklen Tiefe ans Licht zu heben (Diog. Laert. II,22), stehen in einer seltsamen Spannung zu der Inanspruchnahme seiner Worte durch alle Späteren. Am ehesten noch spürt man bei Platon etwas von der zugespitzten Schärfe seines Denkens und der Gedrungenheit seiner Sätze, wie ja auch Platon im *Sophistes* (242a) die ionischen Musen Heraklits ausdrücklich gespannter nennt als die sizilischen des Empedokles und damit die Verfügtheit des Einen und des Vielen, von Trennung und Vereinigung, die seiner eigenen Dialektik ihre Aufgabe stellt, in Heraklits Worten wiedererkennt. Gleichwohl hat die von Aristoteles ausgehende doxographische Tradition Heraklits Lehre in den Zusammenhang der älteren Physiologen zurückinterpretiert, und viele Zeugnisse werden in dem Sinne zitiert, daß auch Heraklit die große Ausgleichsordnung des Seienden bestätigte, die Aristoteles' Auslegung der Physis als den Anfang des griechischen Denkens verstand. Nun gibt es manches andere Wort, das unter Heraklits Namen überliefert ist, das sich eher einer moralistischen Tradition einfügt. Die Kosmologie des Feuers, die sich von Aristoteles aus rekonstruieren läßt, paßt dazu schlecht. Schon das Altertum hat daher gezweifelt, ob die Schrift des Heraklit überhaupt von der Natur gehandelt habe und nicht vielmehr von der Politeia[1]. Aber es scheint zu seiner eigenen Auszeichnung zu gehören, daß er von den verschiedensten Interessen aus als Zeuge aufgerufen werden konnte. Darauf beruht aber auch die eigentümliche Schwierigkeit, die die Heraklitdeutung für uns besitzt. Von der hermeneutisch-technischen Seite her ist er ein wahres Schulbeispiel dafür, wie wenig solche Texte einen eindeutigen Verständniszugang bieten, und daß nichts so unzuverlässig ist wie ein aus seinem Zusammenhang gerissenes Zitat. So hat bekanntlich Heraklits Lehre vom Feuer eine lange Wirkungsgeschichte gezeitigt, die über die stoische Pneumatologie zu den christlich-eschatologischen Vorstellungen von Weltenbrand und Höllenfeuer geführt hat. Das ist inzwischen, insbesondere durch Karl Reinhardt, weithin aufgeklärt worden. Nach dem Vorbild solcher Philologen, wie Karl Reinhardt einer war, gilt es offenbar die wörtlich klingenden Heraklit-Zitate, die uns begegnen, zunächst einmal in den Textzusammenhang des zitierenden Autors zurückzunehmen und von dessen Interesse aus den von ihm gemeinten Sinn auszumitteln. Erst dann kann ein zweiter Schritt gelingen, der den Verwerfungen, Brüchen, Spalten und Inkongruenzen nachspürt, die sich etwa innerhalb der Heraklit-Zitate und gegen den von dem zitierenden Autor gemeinten Sinn auftun.

Dies Unternehmen wäre hoffnungslos, wenn wir nicht zahlreiche Worte Heraklits hätten, die offenbar gerade wegen der unverwechselbaren Eigenart ihrer Diktion wörtlich erhalten geblieben sind. Sein Stil war berühmt. Er scheint kaum literarische Vorbilder zu haben. Am ehesten noch begegnet eine vergleichbare Gespanntheit und Profiliertheit des Ausdrucks in den Chorliedern der Tragödie, die dialektischen Kontrapost als die dichterische Entsprechung zu den Tanzschritten des Chores lieben. Aber hier bei Heraklit ist es offenkundig eine gnomische Prosa, deren größtes Geheimnis ihre Wortknappheit war. Vielleicht können wir in den wenigen Anaximander-Worten, die wir besitzen und die ja auch einem Theophrast als besonders feierlich auffielen (Diels A 9), eine gewisse Vorstufe seines Denk- und Sprechstiles erblicken. Jedenfalls haben wir von einem negativen Maßstab auszugehen: wo Heraklit plan und verständlich spricht – und das wird ihm gelegentlich auch attestiert, daß er das kann –, wird kaum sein Eigenstes zur Sprache kommen oder mindestens nicht mehr erkennbar sein. Denn daß manche der von ihm zitierten Worte ihre provokatorische Trivialität lediglich dem Umstand verdanken, daß wir den Zusammenhang nicht kennen, in dem sie vermutlich ihre Pointe bekamen, kann wohl kaum bezweifelt werden. Soll Heraklit wirklich dreißig Meilen von Milet entfernt die Lehre vertreten haben, daß die Sonne einen Fuß breit ist (Fr. 3)? Ob ein anderes überliefertes Wort (Fr. 45) sich mit dieser Trivialität zu einer Pointe zusammenfügen läßt, wie etwa Hermann Fraenkel versucht hat, mag dahingestellt bleiben. Aber es gibt anderes. Manches überlieferte Wort ist in sich selbst eine verborgene Harmonie, die stärker ist als eine offenkundige. An solchen Worten gilt es Maß zu nehmen. – Alle diese Erwägungen sollen nur rechtfertigen, warum es ein methodisch zulässiges Unternehmen ist, Heraklit-Zitate gegen den Sinn zu lesen, den ihnen der zitierende Autor leiht, und auf eine Gespanntheit der Form hin zu reduzieren, die die Redaktion des zitierenden Autors eliminiert. Das ist schon in manchen Fällen mit Erfolg geschehen, aber Kenner der Überlieferung wie Karl Reinhardt haben wiederholt darauf hingewiesen, daß bei der ungenauen Weise des Anspielens und Zitierens, die im späteren Altertum üblich war, noch manches Heraklitwort unerkannt in den trüben Fluten der christlichen Apologeten dahintreiben mag.

Um so erstaunlicher ist es aber, daß selbst unter dem Namen Heraklits überlieferte Worte bisher nicht immer die Beachtung und nicht die Anstrengung auf sich gezogen haben, die dazu gehört, den Gedanken und den Wortlaut Heraklits aus ihnen zu isolieren. So möchte ich diesen kleinen Beitrag einem Versuche widmen, aus Hippolytos ein neues Fragment zu gewinnen, das bisher in den Sammlungen fehlt. Nicht etwa, daß es unbekannt geblieben wäre. Denn die lange Reihe von Heraklit-Zitaten, die Hippolytos im 9. Buche zusammenstellt und seiner apologetischen Absicht dienstbar macht, zeichnet alle zitierten Worte unmißverständlich als angeblich Heraklitisch aus. In der Einleitung dieser Zitatensammlung, die wir als Fragment 50 bei Diels lesen, wird eine Serie von Gegensatzpaaren aufgezählt, denen dann die folgenden Zitate offenbar entsprechen sollen. Unter diesen Gegensatzpaaren begegnet auch Vater–Sohn. Das wird schon an dieser Stelle von Diels als christlicher Zusatz angesehen. Aber als das letzte Zitat in der Reihe begegnet tatsächlich ein (angebliches) Heraklitwort, das die Einheit von Vater und Sohn, also eine Art Vorstufe des Inkarnationsdogmas ausspricht. Ὅτε μὲν οὖν μὴ γεγένητο ὁ πατὴρ, δικαίως πατὴρ προσηγόρευτο, ὅτε δὲ ηὐδόκησεν γένεσιν ὑπομεῖναι, γεννηθεὶς ὁ υἱὸς ἐγένετο αὐτὸς ἑαυτοῦ, οὐχ ἑτέρου. »Solange der Vater nicht ins Werden eingegangen war, kann er mit Recht Vater genannt werden. Als er aber sich herabließ, Werden auf sich zu nehmen, gezeugt, wurde der Sohn, er selbst von sich selbst und nicht von jemand anderem.« So soll angeblich schon bei Heraklit dem Heiden stehen, was der Häretiker Noetos lehrt. Es ist klar, daß der Sinn dieses Satzes ›christlich‹ ist, aber auch, daß eine Wendung wie »als er sich herabließ, Werden auf sich zu nehmen« sogar dem Wortlaut nach niemals Heraklit sein kann. Auch ist das Verständnis des Wortes ›Werden‹ in diesem Text das eines christlichen Platonismus. Man kann daher verstehen, daß die Sammlungen der Heraklit-Zitate dieses Zitat nicht berücksichtigt haben. Was soll daran heraklitisch sein? Und doch, unser zitierender Autor scheint sich seiner Sache sehr gewiß, wenn er sagt: »Jedermann weiß doch, daß nach Heraklit Vater und Sohn dasselbe sind.« Woher weiß das jedermann? Offenbar doch nur aus diesem angeblichen Heraklit-Zitat, das da folgt. Ist das reine Fiktion, oder liegt auch hier wie in der vorangehenden Serie von Zitaten ein wirkliches Heraklitwort zugrunde, das diese Einheit – mit Sicherheit freilich in ganz anderem Sinne – aussprach? Man muß das, meine ich, ernstlich erwägen. Sollte es nicht möglich sein, die christliche Übermalung auch bei diesem Satze abzutragen und das Heraklitwort herzustellen?

Wie immer bei hermeneutischen Problemen solcher Art muß man den ersten wesentlichen Evidenzen folgen, die sich einstellen. So habe ich auch über diesem Zitat an zwei Punkten so etwas wie eine bescheidene Erleuchtung gehabt: an dem Sachproblem des Verhältnisses von Vater und Sohn und an der extremen Brachylogie des ›Sohn seiner selbst‹. Wenn man sich, ganz unabhängig von der Frage, ob hier etwas christlich ist oder nicht, überlegt, was Selbigkeit von Vater und Sohn überhaupt bedeuten kann, so wird man für Heraklit wohl nicht in erster Linie auf die Einheit der Familie und des Blutes geraten. Denn die genealogische Einheit von Vater und Sohn, wie sie der aristokratischen Vorbildethik und Erziehung zugrunde liegt, oder auch die politische Einheit einer herrschenden Dynastie, deren Alleinherrschaft sich durch das Nachrücken des Sohnes nicht einschränkt (so hat offenbar Noetos verstanden), ist sicherlich nicht das, was der große Einzelne Heraklit meinte, der ja beansprucht, sich mit seiner Lehre allen anderen Menschen entgegenzusetzen. Was mit Recht auf seinen Namen zurückgeführt werden soll, muß schon etwas Unerwartetes sein. Nun kommt dem Verhältnis von Vater und Sohn in der Tat eine seltsame Wechselbestimmtheit zu. Der Vater wird ja erst Vater, wenn er Vater seines Sohnes wird. Könnte so etwas hinter diesem Zitat des Hippolytos stecken?

Der Gebrauch des Wortes ›Werden‹ in dem überlieferten Satze trägt zwar unverkennbar platonische Züge. Aber vielleicht ist dieser platonische Gebrauch des Wortes aus einem Text heraus entwickelt worden, der in einem ganz anderen Sinnzusammenhang steht und in dem γίνεσθαι und γεννᾶσθαι, Werden und Gezeugtwerden, noch eines und dasselbe sind. Auch wir sagen ja, daß einer Vater wird, und so heißt es auch bei Hippolytos in anderem Zusammenhange VI,29: ἵνα γένηται πατήρ.

Daß einer Vater wird, ist aber zugleich die Folge seines eigenen Tuns. Was hier ›wird‹, ist offenbar nicht nur, daß der zeugende Vater den Sohn erzeugt (ὁ γεννήσας πατήρ in der Sprache Homers). Dadurch, daß er den Sohn erzeugt, erzeugt er vielmehr selbst erst sich als Vater. Das steht nun überraschenderweise im Text, wenn wir ihn auf seine Elemente reduzieren: δικαίως πατὴρ προσηγόρευτο ... γεννηθείς, das heißt: Mit Recht kann ein Vater erzeugt heißen – oder auch: Mit Recht kann einer Vater angeredet werden, wenn er es geworden ist. Wenn dies der Sinnkern des Satzes sein sollte, dann verstünde man auch ganz gut den Gedanken des Nachsatzes, daß hier einer von sich selbst erzeugt würde (und nicht, wie erläuternd hinzugefügt wird, von jemand anderem). Der Vater, der sich selbst zum Vater macht, ist sozusagen wie sein eigener Sohn. Und wieder steht das im Text ὁ υἱὸς ἐγένετο αὐτὸς ἑαυτοῦ, das heißt: Sohn seiner selbst. Dieser Satz meint nicht nur die Untrennbarkeit des Vaterseins und des Sohnseins, wie sie allen Relationsbegriffen natürlich ist, sondern die Selbigkeit des Vaterwerdens und des Sohnwerdens. Das entspricht sehr gut sonst bekannten heraklitischen Entgegensetzungen, hinter denen die Einheit des Geschehens gedacht werden soll. Auch hat es, wie mir scheint, die volle Knappheit des heraklitischen Tones. Ich möchte also als heraklitischen Wortlaut vermuten: δικαίως πατὴρ προσηγόρευτο γεννηθεὶς υἱὸς ἑαυτοῦ »Mit Recht heißt einer Vater erst dann, wenn er es geworden ist (und nicht nur gilt, daß er der Erzeuger ist); Sohn seiner selbst (und nicht der eines anderen)«. Beide Klammern sind bloße Explikationen, die erste von mir hinzugefügt, um hervorzuheben, wie paradox es ist, statt ὁ γεννήσας πατήρ von ihm γεννηθείς ausgesagt zu lesen, die andere Hinzufügung steht zu gleichem Zwecke im überlieferten Text des Hippolytos.

Wir können für diese Rekonstruktion anführen, daß man verstünde, wie ein ›christlicher‹ Platoniker wie Noetos oder Hippolytos, die natürlich nicht nur mit dem platonischen Begriff der γένεσις, sondern auch mit der Dialektik der Relationsbegriffe bestens vertraut waren, die zugespitzte Formulierung Heraklits als eine Antizipation der christlichen Einheit von Vater und Sohn ausgenutzt hat. Der ›Monarchianismus‹ des Noetos wird offenbar (wenn meine Rekonstruktion stimmt) von Hippolytos an das ὑιὸς αὐτὸς ἑαυτοῦ angeknüpft und damit an die geistreiche Paradoxie der Einheit von Vaterwerden und Sohnwerden, mit der Heraklit sein dialektisches Spiel trieb. Übrigens ist auch außerhalb aller Heraklitbeziehung diese Argumentationsweise bei Hippolytos überliefert und gehört zu der halbschlächtigen Trinitätsspekulation der frühen Väter. In dem großen Simon-Zitat VI,18 heißt es: φανεὶς δὲ αὐτῷ ἀπὸ ἑαυτοῦ, ἐγένετο δεύτερος. Ἀλλ' οὐδὲ πατὴρ ἐκλήθη πρὶν αὐτὴν αὐτὸν ὀνομάσαι πατέρα. Hier würde gewiß niemand auf Heraklit raten. Aber an unserer Stelle handelt es sich um kein Raten. Der Text ist als Heraklitwort überliefert, und das einzig methodisch Gesunde ist, seinen heraklitischen Kern zu suchen. Immerhin lehrt die Simon-Parallele, wie die Umredaktion des hypothetischen Heraklitwortes auf den Monarchianismus des Noetos gleichsam in der Luft lag. Auch die Einleitung zum Polemos-Fragment (S. 53) spielt auf diese Paradoxie anscheinend an. Der Vater alles Gewordenen heißt dort bei Hippolytos: γενητὸς ἀγένητος, κτίσις δημιουργός:

die zweite Wendung geht auf die Schöpfung, die erste auf die (halbe) Trinität. Aber aus dem folgenden Heraklit-Zitat als solchem kann die erste Wendung überhaupt nicht herausgelesen werden: daß einer sich als Vater, der andere sich als Sohn erweist, soll durch den Krieg herauskommen! Man sieht: Die Selbigkeit von Vater und Sohn schwebt Hippolytos aus seiner dogmatischen Eingenommenheit gegen Noetos ständig vor Augen, und so wird man indirekt wieder auf den heraklitischen Hintergrund des von uns analysierten Satzes geführt. Hinter der christlichen Übermalung ist freilich eine ganz andere originale Farbe zum Vorschein gekommen: die Einheit des Zeugens und Gezeugtwerdens. Es ist durchaus im Stile des Hippolyt-Referats der Lehren des Heraklit. Hippolytos will an Heraklit zeigen, daß Noetos zu Unrecht die Selbigkeit von Vater und Sohn als christlich ausgegeben hat. Das Zitat ist also polemisch motiviert. Aber gerade deswegen ist es schwerlich eine reine Erfindung. Andererseits hat man sich über die totale Willkür Hippolyts, durch die hier (bei meiner Rekonstruktion) Heraklit zum Pseudochristen und monarchianistischen Häretiker stilisiert wird, nicht zu wundern.

Eine ähnlich handgreifliche christliche Übermalung begegnet noch einmal im gleichen Hippolytos-Text. Fragment 63 bezieht ein Wort, das wieder eindeutig auf Heraklit zurückgeführt wird, auf die Auferstehung. Die Diels-Kranzsche Übersetzung lautet (bleibt freilich angesichts der Überlieferungslage recht unsicher): »Vor ihm aber, der dort ist, erhöben sie sich und Wächter würden wach der Lebendigen und der Toten.« (Im selben Zusammenhang folgt dann als ein Vorverweis auf das Gericht der Welt durch das Feuer der schöne Satz

»Alles steuert der Blitz«.) Auch bei diesem Fragment 63 scheint es mir nicht allzu schwer, die christliche Übermalung abzutragen. Eine gute Voraussetzung dafür hat Karl Reinhardt geschaffen, indem er die Lehre von der Ekpyrosis als stoisch-christlich erkannt hat und deswegen einen Satz wie Fragment 66 verwarf: »Denn alles wird das Feuer, herangekommen, richten und fassen.« Vor dem oben in Fragment 63 zitierten Heraklit-Satz aber hat er kapituliert. Ich möchte einen Deutungsversuch machen, indem ich mich in die Vorstellungswelt Heraklits versetze. Da haben wir der Zeugnisse genug, die, wie etwa Fragment 24 und 25, vgl. aber auch 29, den Heldentod in der Schlacht und die Erhöhung des Gefallenen im Ruhm und Gedächtnis der Menschen zum Gegenstand haben. Man wird nicht annehmen, Heraklit ordne sich damit den Zielen einer politischen Mahnrede unter. Es muß vielmehr auch hier das ›Eine allein Weise‹ dahinter stehen, was ihm beim Heldentod und der Heroenverehrung zu denken gibt. Ich denke, es ist das Jähe und Unvorhersehbare im Wechsel der Dinge, was ihn beschäftigt: wie der Schlachtentod die Erhöhung und Verklärung des Gefallenen heraufführt und den Tod wie ein höheres Leben erscheinen läßt. Ähnlich heißt es ja vom Krieg, daß er die einen als Götter, die anderen als Menschen ›erweist‹. Solche Erhöhung (im wörtlichsten Sinne) scheint mir in unserem Text in dem griechischen Wort ἐπανίστασθαι »sich erheben« zu liegen. Daß einer zum Wächter wird, der wacht, gewinnt in solchem Zusammenhang die Bedeutung, daß der Gefallene wie ein Wahrer des Rechten den anderen allen Tugend und Ruhm vor die Augen stellt. Vielleicht hat sogar die christlich klingende Wendung ›über Lebende und Tote‹

hier einen ursprünglichen echten Sinn: für die Überlebenden wie für all die Toten, die kein Ruhm begleitet, stehen diese Vorbilder von Tapferkeit aufgerichtet. Der christliche Anklang an die Höllenfahrt Christi und die Herrschaft über die Lebenden und die Toten könnte also ganz nachträglich sein – so nachträglich und sicher unzutreffend wie die Gleichsetzung des Blitzes in den folgenden Zeilen mit dem ewigen Feuer.

Wenn man ehedem – so Diels zu Fragment 63 wie auch zu Fragment 26 – bis ins einzelne die Prozedur des Mysterienkultes wiedererkennen wollte, so spricht dagegen grundsätzlich, daß Heraklit in seiner Abseitsstellung alle solchen seltsamen Kultgepflogenheiten deutlich kritisiert hat (Fr. 5!). Daß seine Sprache an die Mysterienkulte erinnern mag, braucht nicht bestritten zu werden. Aber daß er, der der einzig Eingeweihte in das ἕν σοφόν sein will, sich nicht von sich aus mit den Eingeweihten einer Kultgemeinschaft gleichsetzen konnte, liegt auf der Hand. In Wahrheit lehren unzweideutige Zeugnisse, daß er den Religionen gegenüber seine Abseitsstellung nicht weniger scharf betonte wie den sogenannten Weisen gegenüber.

Es wurde schon erwähnt, daß Heraklits Lehre vom Feuer – ähnlich wie die Einheit von Vater und Sohn und die (angebliche) Auferstehung – christliche Resonanz fand, die in diesem Falle stoisch vermittelt war. Auch hier scheinen mir Abtragungen christlicher Übermalung möglich, und mit totaler Verwerfung eines als Heraklit zitierten Wortes in dieser Zitatenreihe Hippolyts sollte man vorsichtig sein. Reinhardt hat plausibel gemacht, daß das Feuer von Heraklit selbst φρόνιμον, das heißt ›vernünftig‹ genannt worden sei. Daß Feuer mit Helligkeit, Trockenheit, Feinheit, Leichtigkeit und so am Ende mit Einsicht zusammengeht, klingt auch sonst bei Heraklit an. So muß man nach einer Verbindung suchen, die zwischen dem Feuer und den tiefsinnigen Worten besteht, die Heraklit über die Psyche sagt. Jedenfalls wird man stets erwägen müssen, wie weit sich hinter der christlichen Übermalung ein ursprünglich heraklitischer Sinn erraten läßt. Der Satz πάντα γὰρ τὸ πῦρ ἐπελθὸν κρινεῖ καὶ καταλήψεται »Das Feuer wird alles richten und erfassen« ist von der Art. Er könnte wirklich eine vernünftige Aussage Heraklits sein, wenn man κρίνειν nicht mit ›richten‹, sondern mit ›scheiden‹ übersetzt und nur dieses damit gemeint wäre, daß das Feuer imstande ist, alles zu ergreifen, das Brennbare zu verbrennen, das andere zum Glühen zu bringen.[2] Das wäre gar keine schlechte Andeutung für das kosmologische Problem, daß das Feuer ein elementarer Bestandteil der Weltordnung sein soll. Das fressende Feuer, das alles verzehrt und dem nichts widersteht, als einen Teil des Ordnungsbestandes des Universums zu denken, ist offenbar ein besonderes Problem für die antike Kosmologie. Noch der Pythagoreer Timaios sieht sich zu dem raffinierten Gebrauch einer doppelten Proportion geführt, um bei der Einteilung der Elemente Feuer und Wasser auseinanderzuhalten, so daß die Welt φιλίαν ἔσχεν (Tim. 32b). Die Auszeichnung des Feuers liegt offenbar für Heraklit in seiner unwiderstehlichen Gewalt, mit der es alles zu ergreifen vermag – und doch ist es »nach Maassen entflammend und nach Maassen verlöschend«. Eine Weltordnung ist nicht möglich, ohne daß auch dem Feuer Grenzen gesetzt sind – wie durch die Wendekreise dem Sonnenlauf.

Was läßt aber das verzehrende Feuer überhaupt zu einem solchen Aussagewert aufsteigen, daß es mit herausfordernder Entschiedenheit den kosmologischen Ausgleichsvorstellungen der Milesier entgegengestellt wird (Fr. 31)? Sie lehrten den Übergang von Luft, Wasser und Erde ineinander, also den Wechsel der Aggregatzustände, haben aber gewiß nicht das Feuer in diesen Ausgleichsprozeß einbezogen (wie Fr. 30 tut). Im Gegenteil sieht man ja, welche kosmologische Mühe Anaximander hat, um das Himmelsfeuer trotz der verzehrenden Ausbreitung, die dem Feuer eigen ist, mit der Weltordnung zu verbinden. Er erfindet jenen trennenden Kranz mit Düsen, durch die die Feuersglut in der milden Rundung wärmender oder leuchtender Gestirne hindurchscheint (Diels A12). Heraklit dagegen wagt es, gerade das Feuer, das immerlebende, als das Eine hinter allen Erscheinungen und Übergängen auszuzeichnen. Das ist gewiß weniger ›Kosmologie‹ als ihre Kritik. Ihr liegt ein Interesse zugrunde, das Psyche und ›Denken‹ mit dem Feuer zusammensieht. Das kann an zweierlei illustriert werden. Einmal an der heraklitischen Einheit von Fluß und Stand, die das abbrennende Licht (die Öllampe) und seine stehende Flamme so gut in sich schließt wie die Selbigkeit der Seele, die aus dem Feuchten aufdampft (Fr. 12). Bis zu dem höchsten Zustand: »Der Mensch zündet sich in der Nacht ein Licht an, ganz von sich aus« (Fr. 26).

Flußlehre und Seelenlehre scheinen danach aufs engste zusammenzugehören. Ich möchte das dunkle Fragment 26 hier nicht im ganzen behandeln, sondern nur bemerken, daß mir die stilistische Rekonstruktion des Satzes noch sehr im argen zu liegen scheint. So geschwätzig wie dieser Satz klingt, war Heraklit wohl nicht. Ich halte daher beide Male das ἀποσβεσθεὶς ὄψεις für einen späteren erläuternden Zusatz, und ob Heraklit nicht auch erwartete, daß man Tod mitverstand, wenn er Leben sagte?[3] Aber es ist noch eine andere Seite an diesem Zusammenhang, die die ›kosmologische‹ Auszeichnung des Feuers verständlich macht. Heraklit sah gewiß (wie Platon) Feuer und Wärme im Grunde als ein und dasselbe an. Es ist Feuer in uns und in allem, was Wärme hat. Der offene Ausbruch von Feuer ist nur dem Schein nach – nur in den Augen der Laien – etwas ganz anderes. So muß Heraklit gedacht haben. Wenn das richtig ist, dann scheint sich mir ein Weg zu bieten, die Zweiseitigkeit von Wärmefeuer und Flammenfeuer auf der einen Seite und von Leben und Bewußtsein auf der anderen Seite ein wenig verständlicher zu machen, und abermals so, daß sich ein Bezug auf Heraklit an einer unerwarteten Stelle aufdrängt. Es ist eine Stelle in Platons *Charmides* (168e ff.). Dort klingt die Frage der Selbstbezüglichkeit des Wissens an: »Hören und Sehen und dazu auch Bewegung, die sich selbst bewegt ... und all solches mag zwar viel Unglaubhaftes haben, aber für einige vielleicht doch nicht, wenn es auch eines großen Mannes bedarf, das auszuzeichnen, das auf sich selbst seine Dynamis hat.« Der Zusammenhang dieses Satzes zielt auf das Paradox eines Wissens, das nicht etwas, sondern sich selber weiß. Bezüglichkeit geht sonst immer auf etwas anderes, zum Beispiel das Größere auf das Kleinere (168c). Aber Sehen und Hören haben gewiß auch etwas wie Rückbezug an sich, wie ja auch Aristoteles von ihnen sagt, daß es eine Wahrnehmung der Wahrnehmung gebe (De an. Γ 2). Als eine Vorstufe zu dem Wissen des Wissens sind diese beiden Beispiele daher wohl am Platze. Ähnlich ist es mit der Selbstbewegung, die ja das Geheimnis des Lebens, der Psyche ist. So hat Platon in der Tat im *Phaidros* und im 10. Buch der *Gesetze* diese Selbstbezüglichkeit der Psyche, das heißt der Bewegung, die sich selbst bewegt, gelehrt, auch dies ein gutes Zwischenglied zwischen Sehen, Hören und Wissen. Aber in dieser Reihe, zwischen den Sinnen und der Selbstbewegung und schließlich dem Wissen des Wissens, steht nun auffallenderweise, was ich im Text ausließ: καὶ θερμότης κάειν »die Wärme, die entbrennt«. Eine Art Selbstbewegung oder Selbstentzündung scheint hier der Wärme zugesprochen. Was damit als Phänomen beschrieben ist, ist deutlich: das plötzliche Ausschlagen von Flammen aus dem erhitzten Holzscheit. Das steht hier zwischen der Selbstbewegung des Lebendigen und der Selbstbezüglichkeit des Wissens. Auch das scheint mir nun kein ganz bedeutungsloser Platz. Das Erstaunliche an diesen Phänomenen ist ihre Übergangslosigkeit. Es ist ganz plötzlich, daß alles völlig anders geworden ist, beim Angezündetwerden des Lichtes (Fr. 26: ἅπτεσθαι), wie im Scheine des Blitzes, wie in der Helligkeit des sich entzündenden Gedankens. Es ist sicherlich nicht ein naturkundliches Interesse, das Heraklit am Entflammen nahm – und wohl ebensowenig das an ›des Feuers Wandlungen‹ (Fr. 31) –, es ist die Unbegreiflichkeit des vermittlungslosen Übergangs, die ihm zu denken gibt und ›das Eine‹ zu denken gibt. Die Übergangslosigkeit dieser Übergänge von Schlaf zu Wachen oder von Leben zu Tod deutet am Ende auf die Rätselerfahrung des Denkens, das plötzlich erwacht und das dann wieder ganz ins Dunkel versinkt.

Ich habe diesen Heraklit-Aufsatz vorangestellt, um an einem konkreten Beispiel zu zeigen, wie schwierig und wie überraschend ertragreich die späten Spuren des Denkers Heraklit unsere Überlieferung geformt haben.

Anmerkungen

1 Der Grammatiker Diodot sagt geradezu: τὰ δὲ περὶ φύσεως ἐν παραδείγματος εἴδει κεῖσθαι (Diels 142,30). – Die im folgenden verwendeten Siglen »Diels, DK, VS« beziehen sich auf die von Hermann Diels und Walther Kranz herausgegebene dreibändige Ausgabe *Die Fragmente der Vorsokratiker*, Berlin [10]1961.

2 So hat der Sextusbericht sich die Wirksamkeit des θεῖος λόγος bei Heraklit zurechtgelegt: διάπυροι γίνονται φωρισθέντες δὲ σβέννυνται (VS A 16,130). Vgl. Emp. B 62,2: κρινόμενον πῦρ »das sich ausscheidende Feuer« (Diels) ist jedenfalls auch dort ein Feuer, das für das διακρίνεσθαι der Dinge (Met. A 4 985 a 24) den Anstoß gibt. Weder für κρίνειν noch für καταλαμβάνεσθαι liegt der juridische Sinn, den der Kirchenvater natürlich hineinlegt, für Heraklit nahe. (Man vergleiche auch Hippasos [VS 8 A 11], wo neben πῦρ und ψυχή ὁ ἀριθμός als κριτικὸν κοσμουργοῦ θεοῦ ὄργανον erscheint.) Dagegen ist der Satz kein übler Kommentar zu dem ἅπτεσθαι (Fr. 26), das Heraklit als Phänomen wie als Metapher fasziniert hat, wie ich im folgenden zeige.

3 So daß selbst ἀποθανών nur explikativer Zusatz wäre (wie Wilamowitz schon annahm).

Heraklit-Studien

Heraklit bleibt für jeden Denkenden eine beständige Herausforderung. Männer wie Hegel, Nietzsche und Heidegger sind ihr in grundverschiedener Weise begegnet. Unzählige Kommentare von philologischer Seite sind geleistet worden. Was für das Altertum galt, scheint jedoch immer noch gültig: Er ist der Dunkle geblieben. Es fehlt an einer verläßlichen Grundorientierung, die es erlaubt, die zwischen Moralistik und Metaphysik schillernde Figur zu fassen. Indessen scheint mir, daß zwei Punkte nicht genügend beachtet worden sind, die Weise, wie Platon auf Heraklit Bezug nimmt, und der Stil, in dem Heraklit seine Sätze baut.

Ich darf zunächst die philosophische Bedeutung schildern, die mit jeder Heraklit-Interpretation verknüpft ist, und dann auf die hermeneutischen Probleme, oft philologischer Art, eingehen. Was wir von Heraklit besitzen, sind ausschließlich Zitate späterer Autoren, angefangen mit Platon, die das ganze spätere Altertum durchziehen. Es handelt sich bei Heraklit obendrein um sentenzenähnliche Sätze, die schon im Altertum wegen ihrer Dunkelheit und ihres Tiefsinns berühmt waren. Sokrates soll gesagt haben, was er davon verstanden habe, sei vortrefflich. Er vertraue darauf, daß auch das Viele, das er nicht verstanden habe, ebenso sei. Freilich bedürfe es eines delischen Tauchers – eines Meistertauchers –, den Schatz aus der Tiefe ans Licht zu bringen.[1]

Aber noch eine andere, enorme Schwierigkeit gibt es, die uns bei allem philosophischen Verständnis des griechischen Denkens ständig beirrt und sich auch im Falle Heraklits auswirkt. Es ist die Fortwirkung der Entstehung der modernen Wissenschaft, deren Pioniertat die Galileische Physik war, die all unsere Denkgewohnheiten beherrscht. Seitdem gilt der Begriff der Methode als konstitutiv für das, was Wissenschaft heißen kann. Damit hängt zusammen, daß die Philosophie der Neuzeit ihre philosophische Selbstbegründung auf dem Begriff des Selbstbewußtseins errichtet hat. In der Regel beruft man sich für diese Wendung, die mit der Entwicklung der modernen Naturwissenschaften einsetzte, auf die berühmte Zweifelsbetrachtung des Descartes. Dort wurde das ›cogito ergo sum‹ als die unzweifelhafte Realität dessen, der denkt und zweifelt, und als das sicherste und unerschütterliche Fundament aller Gewißheit ausgezeichnet. Das war zwar noch nicht Reflexionsphilosophie im vollen Sinne des Wortes, die im Begriff der Subjektivität gründet und von der aus sich der Sinn von Objektivität neu definiert. Aber seit Kant diese cartesianische Auszeichnung der ›res cogitans‹ in die kritische Beweisführung für seine Transzendentalphilosophie aufgenommen und die Rechtfertigung der Verstandesbegriffe auf die Synthesis der Apperzeption, auf die Tatsache, daß das »ich denke« alle meine Vorstellungen muß begleiten können, gegründet hat, war der Begriff der Subjektivität zu einer zentralen Stellung erhoben. Die Nachfolger Kants, vor allem Fichte, entwickelten es als Programm, aus dem Prinzip des Selbstbewußtseins alle Wahrheitsrechtfertigung, alle Geltungsbegründung überhaupt abzuleiten. So wurde der Primat des Selbstbewußtseins gegenüber dem ›Bewußtsein von etwas‹ zum Stigma des modernen Denkens. Selbst Husserls anspruchsvoller Versuch, Philosophie als strenge Wissenschaft erstmals wirklich durchzuführen, bleibt noch auf diesem Boden, von dem sich erst die kühnen Denkversuche von Heidegger und Wittgenstein zu lösen suchten. Tatsächlich hatte der deutsche Idealismus damals etwas formuliert, was die neue Stellung des Menschen in der Welt, die angriffige Haltung der modernen Wissenschaft gegenüber der uns umgebenden Natur, philosophisch angemessen charakterisiert. Als Transzendentalphilosophie hat die Subjektivität den Siegeszug der modernen Wissenschaft begleitet. Inzwischen haben die Zweifel an der Gewißheit des Selbstbewußtseins das moderne Denken erfaßt und halten es in Atem. Unser Jahrhundert ist davon zutiefst bestimmt. Mit Nietzsche begann es. Der Psychologe in Nietzsche hat angesichts der Zweifelsbetrachtung Descartes' die Forderung gestellt: »Es muß gründlicher gezweifelt werden.« Das erfüllte sich in radikalen Erschütterungen der naiven Selbstgewißheit und führte zu solchen Zweifeln an den Aussagen des Selbstbewußtseins, wie wir sie in den verschiedensten Aspekten, im Historismus, in der Ideologiekritik oder in der Psychoanalyse vor uns haben. Seitdem ist es eine unausweichliche Aufgabe geworden, die Problematik immer neu zu durchdenken, die für die Philosophie in der Zentralstellung des Selbstbewußtseins liegt.

In dieser Frage kann uns die phänomenologische Evidenz leiten, die zuerst Franz Brentano wiederhergestellt hat und die Aristoteles in seiner ›Anthropologie‹ (De an. Γ) und sogar in seiner Begründung der ›Ersten Philosophie‹ auf den sich selbst denkenden Nous durchaus nicht verkannt hatte. Gegenüber der Intentionalität des Bewußtseins, das immer Bewußtsein von etwas ist, besitzt die Reflexivität des Selbstbewußtseins sekundären Charakter. Der Primat des Selbstbewußtseins kann nur geltend gemacht werden, wenn man dem Ideal der Gewißheit, besser noch, dem Ideal einer methodischen Vergewisserung der Realitätsgeltung mathematischer Konstruktion, wie sie seit Galilei das Wesen der neuzeitlichen Naturwissenschaft ausmacht, einen absoluten Vorrang zuerkennt.

Der Gott der aristotelischen Ontotheologie, so sehr er als das ›primum movens‹ und als beständige Selbstgegenwärtigkeit das höchste Seiende ist, hat keineswegs die Funktion, die menschliche Erkenntnis zu begründen oder zu sichern. Die Struktur der Selbstheit weist in andere Zusammenhänge als auf jenes ›fundamentum inconcussum‹, als welches das Selbstbewußtsein gegen alle Skepsis standhält. Wenn etwas unserem modernen Nachdenken über die Rätsel des Selbstbewußtseins wahrhaft zu Hilfe kommen kann, ist es doch wohl die Tatsache, daß die Griechen weder einen Ausdruck für das Subjekt oder die Subjektivität noch einen Ausdruck für das Bewußtsein und den Begriff des Ich besessen haben. So sehr sie im offenen Blick auf das sich Zeigende am Ende das Wunder des Denkens selber mit in den Blick nahmen – eine Zentralstellung des Selbstbewußtseins ist von ihnen nicht, auch nicht von Aristoteles, behauptet worden.

Um sich von diesen modernistischen Perspektiven zu befreien, sieht man sich in die geschichtliche Dimension zurückgewiesen, die von Descartes auf Augustin, von Augustin auf Platon führt. Nun möchte ich zeigen, daß sie von Platon noch weiter zurückverfolgt werden muß, nämlich auf Heraklit.

Es stellt sich die Frage, ob man Heraklit überhaupt von diesem Problemzusammenhang des Selbstbewußtseins aus sehen darf oder ob sein Denken nicht eher auf einen anderen Weg weist, die Stellung des Menschen in der Welt zu denken. Heraklit genießt einen besonderen Ruhm. Er verdankt das nicht nur seiner schon erwähnten sprichwörtlichen Dunkelheit und nicht nur dem Gebrauch, den bereits Platon von seinem Namen gemacht hat, nicht zuletzt auch seiner Präsenz in Hegel, der am Ende des ganzen Gedankenweges der abendländischen Metaphysik sagte, es gebe keinen Satz des Heraklit, den er nicht in seine Logik aufnehmen könnte. Auf Nietzsches radikalen Extremismus wie auf Heideggers Einsicht in das Ende und in den Anfang der Metaphysik übte Heraklits Denken vollends eine besondere Anziehung aus. Wer einmal in Heideggers Hütte in Todtnauberg, oben im Schwarzwald, gewesen ist, sah dort über der Eingangstür auf eine Borke geritzt den Heraklit-Satz »Alles steuert der Blitz«[2], ein seltsamer, tiefanrührender Satz – und ein offensichtliches Paradox. Anstelle der ruhigen Hand, die das Schiff durch die Wogen steuert, tritt der Blitz, der plötzlich aufzuckt und verlischt. Man kann über den Sinn dieses Satzes rätseln, aber die bis heute herrschende Deutung, den Blitz als das Attribut der alles steuernden Gottheit anzusehen, hört an dem Paradox vorbei, das bei Heraklit gewiß nicht überhört werden darf. Die besondere Faszination, die von Heraklit ausgeht, hängt nicht zuletzt an der paradoxen und dialektischen Struktur solcher Sätze. Die spekulative Gespanntheit seines Denkens führt ihn immer wieder zu äußerst zugespitzten Formulierungen. Sie alle sind wie der eine Satz von dem ewig fließenden Fluß, in den man nie wie in den gleichen hineinsteigen kann – und aus dem die Seelen aufdampfen (Fr. 12).

Nun können wir uns freilich als zu historischer Kritik erzogene moderne Forscher nicht unmittelbar auf eine naive Identifikation mit der Sagkraft solcher Sätze einlassen. Wir müssen uns auf die jeweiligen Bedingungen der Überlieferung konzentrieren, die uns die Zugänge zu den Texten, die wir als Bruchstücke lesen, öffnen. Wir wissen inzwischen allzu gut, was Zitate sind, was man mit Zitaten machen kann, wie man Zitate mißbrauchen, ihren Sinn bis zur Unauffindbarkeit verstecken kann. So ist Heraklit-Forschung eine hermeneutische Aufgabe von besonderer Art. Man muß sich beständig fragen: Wie deckt man auf, wie trägt man ab, was uns durch die zitierenden Autoren an Vorverständnis suggeriert wird, und mit welchen Mitteln können wir zu einem historisch angemessenen und dennoch philosophisch aussagekräftigen Verständnis Heraklits und seiner Sätze gelangen?

Einen gewissen Vorrang sollte nun, meine ich, von vornherein unser ältester Zeuge beanspruchen können, und das ist Platon. Seine Schriften sind der erste philosophische Text überhaupt, den wir vollständig besitzen. Alles frühere sind Fragmente, das heißt Zitate oder Sammlungen von Zitaten aus späteren Schriftstellern, die zwar Heraklits ›Buch‹ noch kannten, aber es eben zu ihren Zwecken heranzogen. Das hat natürlich auch Platon getan, als er mit seinen Bezugnahmen auf Heraklit sein eigenes Denken instrumentierte. Aber er bleibt unser ältester Zeuge.

Die platonischen Dialoge ergeben nun ein eigentümlich zwiespältiges Bild von Heraklit. Auf der einen Seite wird Heraklit hier als der Urheber und als Symbol einer

Weltsicht gebraucht, die von der bleibenden Selbigkeit des Wesens der Dinge, vom ›Eidos‹, nichts weiß, sondern alles im Wandel, alles im Fluß sieht. In einer bekannten Konstruktion hat Platon im *Theätet* alle bisherigen Denker, von Homer bis Protagoras (mit der einzigen Ausnahme des Parmenides), als Herakliteer bezeichnet (Theät. 152e). Für jemanden, der die platonische Art kennt, heißt das, daß Heraklit hier zu einem Typus stilisiert ist, der nicht notwendig mit dem übereinstimmt, was Platon selber in Heraklit gesehen hat – oder gar, was Heraklit wirklich gesagt und gewollt hat. Was Platon da alles als Herakliteer zusammenfaßt! Heraklit stellt hier lediglich eine Art von Gegentypus dar. Was unter seinen Namen gestellt ist, soll mit Nachdruck auf den Ausnahmefall hinzeigen, den in Platons Augen der große Eleat als Vorläufer seines eigenen Eidos-Denkens repräsentiert.

Wenn wir im platonischen Werk die anderen Hinweise auf Heraklit ins Auge fassen, sieht die Sache aber auf einmal ganz anders aus. Da wird an einer berühmten Stelle des *Sophistes*, in der wir die Wurzel all unserer gelehrten Kenntnis von den vorsokratischen Lehren erblicken müssen (Soph. 242c ff.), über die Früheren gesagt, daß die einen so und so Vieles als das wahre Seiende gelehrt hätten, andere dagegen nur Eines. Die ionischen und die sizilischen Musen aber hätten es für klüger gehalten, das Eine und das Viele zusammenzuflechten. – Mit den ›ionischen Musen‹ ist ohne Zweifel Heraklit gemeint. Von diesen ionischen Musen, die aus Heraklit sprechen, heißt es nun, sie hätten schärfer gedacht als die sizilischen, indem sie nicht nur das Nacheinander von Vielheit und Einheit, von Weltperioden der Zerstreuung und solchen des Wiederzusammengehens in die Einheit gelehrt hätten, wie das Lehrgedicht des Empedokles in den Augen Platons getan hat. Die schärfere These ist das Zugleich des Einen und des Vielen, das Zugleich des Sich-Zerstreuens und des Sich-Vereinigens. Das wird hier Heraklit zugeschrieben, daß das Eine und das Viele nicht nacheinander, sondern in einem die ganze Wahrheit des Seins seien. Dazu läßt Platon den Fremden aus Elea einen Satz des Heraklit zitieren. Er begegnet bei Platon noch einmal und wird dort von dem Arzt Eryximachos zitiert (Symp. 187a). Die genaue Formulierung des Satzes ist ungewiß, wie bei den meisten griechischen Zitaten. Es gehörte ja zur Eleganz des Schreibens, daß man möglichst nicht ein wörtliches Zitat brachte, sondern es in den eigenen Gedankengang einbaute – eine der Hauptschwierigkeiten, die uns die griechischen Texte bereiten, zu erraten, wo wirklich ein Zitat beginnt und wieweit eine Anpassung an den eigenen Gedankengang vorliegt.[3] Der durch Platon legitimierte Satz heißt: διαφερόμενον ἀεὶ συμφέρεται (Soph. 242e). Ihm entspricht: τὸ ἓν γάρ φησι διαφερόμενον αὐτὸ αὑτῷ συμφέρεσθαι ὥσπερ ἁρμονίαν τόξου τε καὶ λύρας (Symp. 187a; vgl. Fr. 51 und Fr. 8). Das hieße auf deutsch: »Das Eine, das sich in sich selbst auseinanderstellt, fügt sich immer mit sich selbst zusammen.«

Eine höchst paradoxe dialektische Formulierung. Heraklit liebt es, für solche Paraxode Beispiele zu geben. So fährt er hier im *Symposion* fort: »wie die Harmonie des Bogens und der Leier.« Ähnlich ist etwa: »Der Gerstentrank, den man nicht umrührt, zersetzt sich.«[4] Heraklit hat seine eigentliche Weisheit, sein σοφόν, in vielen solchen Beispielen illustriert. Die gleiche Wendung, die im

Sophistes begegnet (242e), wird im *Symposion* (187a) dem Arzt Eryximachos in den Mund gelegt, und das ist bedeutsam. Sein Unverständnis für die spekulative Einheit des Entgegengesetzten wird durch die Art karikiert, wie der Arzt an Heraklit hochmütige Kritik übt. Die *Sophistes*-Stelle zeigt unzweideutig, daß Platon selber sehr wohl verstanden hat, daß Heraklit nicht wie Eryximachos die Einheit als das schließlich herauskommende Resultat gemeint hat (ἔπειτα ὕστερον ὁμολογησάντων, Symp. 187b 1). Im Gegenteil. Gerade auf das Zugleich kommt es an (vgl. Fr. 18: τὸ ἀντίξουν συμφέρον). So haben wir hier einen gesicherten Ausgangspunkt, der obendrein durch zahlreiche Variationen des Gleichen bestätigt wird. Die Frage ist, wie wir das zusammenbringen, den Heraklitismus der ständig im Fluß seienden Dinge und die gespannte dialektische Einheit, die in solche Sätze gleichsam zusammengepreßt ist.

Gehen wir von den Phänomenen aus, die Heraklit vor Augen sind. Da ist der Fluß, in dem alles im ständigen Wechsel dahinfließt. Aber es ist der gleiche Fluß.[5] Auch der Fluß ist also am Ende ein Beispiel für die Einheit der Gegensätze, von der Heraklit in unzähligen Wendungen spricht: Krieg und Frieden, Hunger und Sattheit, Sterbliche und Unsterbliche, Götter und Menschen usw. – eine Fülle von extremen Gegensätzen. Von dem allen behauptet er, sie seien Eines. Da schließt sich das Beispiel des Flusses bestens an, als die Einheit des Flußlaufes und die Ruhelosigkeit seines Fließens. Das geheimnisvolle Problem, das sich hinter all diesen Gegensätzen zeigt, ist offenbar, daß dasselbe sich *übergangslos* als ein anderes zeigt. In all diesen Beispielen liegt das vor, was die Griechen ›Metabole‹ (μεταβολή) nannten, Umschlag. Ihn zeichnet jähe Plötzlichkeit aus. Die hier zugrundeliegende Denkerfahrung scheint die der essentiellen Unzuverlässigkeit alles dessen, was sich bald so und bald anders zeigt. Im nächsten Augenblick kann es sich wieder anders und nicht mehr so darstellen. Die Einsicht in die Unzuverlässigkeit aller Dinge, die doch wohl bereits dem eleatischen Denken zugrunde liegt, hat ohne Zweifel auch Platons Eidos-Denken inspiriert. Die ironische Künstlichkeit, mit der im *Theätet* die Herakliteer eingeführt werden, spricht dafür, daß Platon überhaupt erst die Gegenkonstruktion des universalen Fließens, wie ich meine, errichtet hat, um sein Denken des εἶδος zu profilieren. Vielleicht war er auch in Kratylos oder anderen ›echten‹ Herakliteern der Lehre selbst schon begegnet. Das scheint mir indirekt aus der Art hervorzugehen, wie im *Theätet* das eleatische Thema aufgeschoben wird. Da wird nicht nur spannungsweckend auf das eleatische Denken und insbesondere auf den *Sophistes* vorverwiesen. Noch deutlicher spricht, meine ich, die Begründung, warum Sokrates die Lehre des Parmenides hier beiseite läßt: »weil sonst das, um dessen willen wir in unserer Unterredung unterwegs sind, das Wesen der Erkenntnis, ununtersucht bleiben würde«[6] – als ob ohne das eleatische Denken Erkenntnis überhaupt verständlich wäre. Offenkundig ist das doch gerade die Lehre, die Theätet aus dem Gespräch mit Sokrates zu ziehen hat, und deshalb geht die Gesprächsführung am nächsten Tage in die Hand des Fremden aus Elea über. Erst in diesem Gespräch über den Sophisten wird Theätet lernen, was Erkenntnis ist: nicht unmittelbare Evidenz, sondern λόγος. Aber ob auch Heraklit selber das erst zu lernen gehabt hätte? Die Prozeßtheorie, die Sokrates im *Theätet* aus der Flußlehre entwickelt, hat ihre stärkste Stütze in Heraklits Satz von den immer neuen Wassern, die durch die gleichen Ströme fließen. Aber das scheint ganz woanders hinzuzielen: »Auch die Seelen dampfen aus dem Feuchten auf« (Fr. 12) – und eben deren Logos scheint unergründlich (Fr. 45). Das scheint Heraklits tiefsinnige Ahnung zu sein, und eben das ist es, was das Interesse der Neuzeit besonders auf sich zieht. Hier scheint die Struktur des Selbstbewußtseins impliziert – und in Wahrheit ist der Logos als Weltprinzip gedacht. Hegel ante diem.

Wie paßt das aber zu der sonstigen Überlieferung? Nun ist diese bekanntlich von Aristoteles entscheidend geprägt. Er ist die Hauptquelle für unser Wissen über die Vorsokratiker überhaupt. Aber bei Aristoteles sieht die Sache, was Heraklit betrifft, ganz schlimm aus. Aristoteles erzählt uns, offenkundig wegen der paradoxen Formulierungen Heraklits werde von manchen behauptet, er habe das Grundprinzip aller Erkenntnis, den Satz des Widerspruchs, nicht für gültig gehalten (Met. Γ 3, 1005b 24). Das konnte in den Augen des Aristoteles keine Empfehlung sein, auch wenn er diese polemische Behauptung offenbar selber nicht ganz ernst nimmt. Schwerer wiegt, daß sein eigentliches Hauptanliegen mit Heraklit außerordentlich schlecht verbindbar ist, die Physik. Das wird noch sehr zu bedenken sein. Die leitende Perspektive des Aristoteles, die er in der Durchmusterung der Vorsokratiker bestätigt sieht und die er gegen den Pythagoreismus Platons geltend macht, ist nicht so sehr das in Zahlen und Proportionen geordnete Gefüge des Alls als die Seinsverfassung der ›Natur‹ (φύσις), sich von sich aus zu bewegen: Die Anschauung von der Natur des Alls lehrt, daß es sich selbst hält, sich selbst bewegt und ordnet, in sich selbst im Gleichgewicht ist. So entwickelt sich in seinen Augen die griechische Kosmologie als die Wahrheit, die den ursprünglich religiösen und mehr und mehr durch wissenschaftliche Beobachtung gestützten Kosmogonien der ältesten Denker zugrunde liegt. Die Welt bedarf keines Atlas, der sie trägt. Sie hält sich selbst und hält sich selbst in Ordnung. (So noch im *Phaidon*, vgl. 99b c.)

Was wir von Heraklit wissen, paßt dazu nicht gerade gut. Daß das Seiende im Grunde Feuer sei, ist nicht sehr geeignet, die stabile Ordnung des Weltalls oder seine Entstehungsgeschichte verständlich zu machen. Das alles fressende Feuer kann offenbar durch keine Begrenzung gehindert werden, alles zu ergreifen. Mit den anderen ›Elementen‹ will es sich nicht recht vertragen. Platons *Timaios* schildert uns, wie mit Hilfe der Rechenkunst und der Proportionenlehre bei der Ordnung des Universums nicht nur Erde und Feuer, sondern durch die Luft auch Wasser und Feuer kunstvoll voneinander getrennt gehalten werden (Tim. 31b ff.). Wenn Anaximander, einer der großen ionischen Forscher vor Heraklit, die Rolle der Himmelskörper und ihre Gestalt erklären soll, scheint er in großer Verlegenheit. Sonne, Mond (falls man nicht weiß, daß er nur geborgtes Licht hat) und die Sterne sind wohl Feuer. Aber wie kann Feuer eine so klare Gestalt und Umriß haben und immer in der gleichen Weise leuchten? Anaximander kommt hier auf die Idee mit den Löchern, den Düsen in dem großen Himmelsrade, durch die für uns das dahinter wütende Feuer wie ein ruhiges Leuchten erscheint. So wenigstens erzählt uns die Doxographie (VS 12 A 11).

Nun gibt es gewiß einen anderen Weg, das geheimnisvolle Wesen des Feuers als kosmisches Prinzip zu denken, und das ist seine Präsenz in allem, das warm ist. Daß der Ursprung des Lebens an der Wärme hängt, hat etwas Einleuchtendes, und man braucht nur an die Doxographie über Anaximander zu denken (12 A 30), um sich das zu illustrieren. Aber eine stoffliche Deutung des Feuers als Element der Dinge ist damit nicht gegeben. Die Zeugnisse dafür sind nicht gerade günstig. Zwar erwähnt Platon im *Kratylos* (413d 3) die Deutung des Feuers als ›das Warme selbst‹ (αὐτὸ τὸ θερμόν), das, in dem Feuer darin ist, aber in einem Zusammenhang, der nicht nur äußerst spielerisch ist, sondern der auch ganz und gar nicht zu kosmogonischen Perspektiven paßt. Der *Kratylos* (413b 4, c 1) spielt vielmehr auf Heraklits Vorstellung von der Sonne an, die sich stets neu entzündet (νέος ἐφ' ἡμέρῃ, Fr. 6), bzw. von der Sonne, die nie untergeht (τὸ μὴ δῦνόν ποτε, Fr. 16). Auch die Anspielung auf die Sonne Heraklits in der *Politeia* (Rep. VI,498a) dokumentiert, daß diese Lehre Heraklits zwar bekannt, aber nicht gerade wegen ihrer kosmologischen Fortschrittlichkeit berühmt war. An anderen Stellen, wo Feuer und Wärme bei Platon selber fast als dasselbe erscheinen,[7] klingt jedenfalls nichts nach Heraklit. Aristoteles erwähnt Heraklit in seiner Einleitung in die *Physik* und in die *Metaphysik* kaum. Simplicius (in Phys. 24,1 ff.) trägt eine reine Konstruktion vor, die offensichtlich von Theophrast stammt, und sieht ihre Mißlichkeit selber recht gut ein.[8]

Auch wenn wir Feuer in allem, was warm ist, und damit in allem, was lebendig ist, annehmen, wie wir es etwa aufgrund von Platon dürfen,[9] bleibt das kosmologische Problem des Feuers schwierig. Es will sich nicht recht als Element, als Bestandteil, verstehen lassen. Aristoteles kann damit nichts Rechtes anfangen. Es ist in der Tat nicht leicht zu sehen, wie man auf der Basis des Urphänomens des Feuers eine Kosmologie aufbauen will. Ob Heraklit überhaupt eine Kosmologie aufgestellt hat?

Wir haben Gründe, daran zu zweifeln. Da ist zunächst eine antike Überlieferung, die man, wie ich meine, nicht genügend ernst genommen hat. Offenbar war der Druck des Aristoteles und des Theophrast so stark, daß man im allgemeinen alle Vorsokratiker als Kosmologen gesehen hat. In ciceronianischer Zeit hat uns nun ein Stoiker, Diodotos, der Heraklits Schrift noch kannte, überliefert, die Schrift des Heraklit habe gar nicht von der Natur gehandelt, sondern von der ›Politeia‹, vom Staat. Was darin über die Natur gesagt werde, sei nur zu beispielhafter Illustration gesagt.[10] – Man muß sich doch wohl fragen, ob das wirklich nur eine moralistische stoische Umdeutung war, wie ohne Zweifel der angebliche Titel (›Genauer Kompaß für die Richtung des Lebens‹[11]), oder ob daran etwas Wahres ist. Wenn wir die Masse der Heraklit-Zitate durchmustern, finden wir jedenfalls eine sehr große Anzahl offenkundig politischer und moralistischer Sätze von appellierender Kraft. Da ist z. B. immer wieder eine bittere Kritik an der politischen Blindheit und an dem Leichtsinn seiner Landsleute. Wir haben auch andere Sentenzen, die alle der moralisch-politischen Dimension angehören. Semantische Tatsachen weisen in die gleiche Richtung. Das Wort ›Phronesis‹ ist im griechischen Sprachgebrauch vorwiegend ›praktische Vernünftigkeit‹, meint also nicht so sehr den theoretischen Gebrauch von Vernunft.[12] So gibt es eine ganze

Reihe von Indizien, die anraten, die zitierte Äußerung des Stoikers ernst zu nehmen.[13] Man muß sich fragen, ob Heraklit überhaupt ein Rivale der ionischen Kosmologen gewesen ist und nicht viel eher einer ihrer Kritiker – wie ohne Zweifel auch Parmenides als ein solcher gewirkt hat.

Wie soll man eine solche Frage entscheiden, wenn einen die Überlieferung nicht nur im Stich läßt, sondern sogar mit großem Eifer in die Irre führt? Es ist nicht nur das Interesse des Meta-Physikers Aristoteles, das in diese Richtung lenkt. Auch die moralistische Ausdeutung der angeblichen Kosmologie durch die späteren Stoiker und Kirchenväter trägt etwas Fremdes hinein, den Weltenbrand. Das war für die Kirchenväter begreiflicherweise das Höllenfeuer. Sie konnten unterstellen, daß schon Heraklit davon etwas wußte. So verstanden sie seine Lehre vom Feuer. Auch war ihnen bekannt, daß die Stoiker den Weltenbrand, die ἐκπύρωσις, gelehrt hatten. Der Weltenbrand wird bei den christlichen Theologen zum Weltgericht. Aber sagt der heraklitische Satz, auf den alles zurückzugehen scheint, wirklich, daß alles in Feuer aufgehen wird? Es ist das Fragment 66: πάντα γάρ, φησί, τὸ πῦρ ἐπελθὸν κρινεῖ καὶ καταλήψεται.

Was ist da die richtige Übersetzung? In der Regel versteht man die beiden griechischen Verben als ›verurteilen‹ und als ›ergreifen‹ bzw. ›in Haft nehmen‹. Es sind Worte, die in der Tat als Rechtsausdrücke bekannt sind und insoweit zur Vorstellung des Letzten Gerichts passen. So zitiert denn auch Hippolytos den Satz voller Begeisterung. Κρίνειν heißt aber auch vor allem ›scheiden, unterscheiden, trennen‹. Der Satz kann also sehr wohl meinen, das Feuer trennt alles.[14] Alles verbrennt in der Glut des Feuers, bis es in Asche zerfällt. Ebenso heißt καταλαμβάνειν bei weitem nicht immer ›in Haft nehmen‹, sondern zunächst heißt es einfach ›ergreifen, erfassen‹. Das ist in der Tat das Feuer, daß es alles in Glut setzen kann, so daß selbst Steine (die Kohlen) feurig werden, wenn sie in der Flamme glühen – ein schönes, anschauliches Beispiel dafür, daß auch Erde ›Feuer wird‹.[15] In der Tat ist das Magma des Vulkans dafür eine gute Veranschaulichung. So könnte der für die ἐκπύρωσις aufgebotene Satz bei Heraklit eine ganz andere Bedeutung gehabt haben, als ihm in der Regel auferlegt wird. Aber wer weiß? Daß der Satz *zunächst* den hier aufgezeigten Sinn hat – und höchstens den ›moralischen‹ Hintersinn anklingen lassen sollte –, müßte immerhin erwogen werden. Das ist natürlich nur eine Hypothese, die keine selbständige Instanz darstellen kann. Immerhin gibt es auch für diesen Satz und seine Interpretation einige stützende Indizien, vor allem die etymologischen Spiele im *Kratylos* (412d f.). Da wird das Feuer als ›das Warme selbst‹, das im Feuer darin ist (413c 3), neben Helios und dem anaxagoreischen Nous als etwas genannt, das alle Erscheinungen durchdringt, und wird mit dem Gerechten (dem δίκαιον) in Beziehung gesetzt. Das ist in der Tat soweit ›heraklitisch‹ im Sinne des *Kratylos*, als dieses Schnellste und Feinste (τάχιστον καὶ λεπτότατον 412d 5) durch seine relative Geschwindigkeit alles andere als seiend erscheinen läßt (ὥστε χρῆσθαι ὥσπερ ἑστῶσι τοῖς ἄλλοις 412d 7) – ganz wie die Bewegungstheorie im *Theätet* (156c ff.) das ›Sein‹ deutet. Die *Kratylos*-Scherze spiegeln jedenfalls bestens, wie das Recht, das δίκαιον, durch das Feuer, das alles durchdringend ist, gleichsam mit Stofflichkeit aufgefüllt wird.[16]

Fragen wir uns bei der Ungewißheit, die uns bei dieser Überlieferungslage befällt, wie wir überhaupt weiterkommen können. Nach meiner Meinung gibt es nur einen methodischen Zugang: den *morphologischen*. Wir können die Struktur unzweifelhafter Sätze, die nur Heraklits sein können, weil sie sich alle so ähnlich sind wie Familienmitglieder, herausarbeiten. Das beansprucht nicht, daß wir in jedem einzelnen Falle die Nachahmung oder die umdeutende Interpretation von echten Heraklit-Worten sicher unterscheiden könnten. Auch Familienähnlichkeit hat ja kein Urbild, an dem sich die Ähnlichen messen lassen (das hat Wittgensteins Metapher für die Kritik an den nominalistischen Vorurteilen geeignet gemacht). Es spricht also keineswegs gegen den Leitgedanken einer morphologischen Untersuchung, daß sie kein strenges Kriterium liefert. Auch wo Nachahmung vorliegt, darf überdies die Denkstruktur, die nachgeahmt wird, nicht ganz unkenntlich werden, und wenn das so ist, stellt die Nachahmung eine Anleitung dar. Zum Beispiel habe ich auf dem Wege über morphologisch geleitete Reduktion ein Fragment wiedergewonnen, das bisher in den Sammlungen fehlte, obwohl es an zuverlässigster Stelle, in der Liste der Hippolytos-Zitate, ausdrücklich als heraklitisch überliefert wird.[17] Wie es bei Hippolytos steht, ist es aber so ins Christlich-Trinitarische verfremdet, daß man es für eine bloße Fälschung hielt. Es ließ sich auf morphologischem Wege rekonstruieren. Das Ergebnis lautete dann: »Der Vater ist Sohn seiner selbst.« Das will heißen: Wenn der Vater einen Sohn erzeugt, macht er sich selber zum Vater. Mir scheint das ein echter Heraklit-Satz, im knappen Stil des Paradoxes, aufgrund dessen die späteren Stilkritiker sagten, er sei ein Melancholiker gewesen und habe seine Sätze immer nur halb gesagt. Das ist immerhin eine Anweisung für uns, ein vernünftiger Leitsatz: Wo es knapp, konzentriert, paradox zugeht, da sind wir bei Heraklit.

Es paßt dazu, daß eines der Kunstmittel, die bei Heraklit eine hervorragende Rolle spielen, solchem Stil des Paradoxes wohl entspricht: das Wortspiel. Ein Wortspiel beruht auf dem plötzlichen Umschlagen einer schon eingeschlagenen Bedeutungs- und Verstehensrichtung in eine ganz andere. Dafür gibt es bei Heraklit ein bekanntes Beispiel: »Der Name des Bogens ist Leben, sein Tun Tod.«[18] Es beruht auf dem Gleichklang des Wortes ›Bios‹ für Leben und für den Bogen. Im Worte schon ist die Einheit der Gegensätze darin. Das ist gewiß der Grund, warum Heraklit Wortspiele besonders liebt. Sie erlauben ihm, seine eigene Wahrheit im Wortlaut einzufangen und den eingeebneten, gedankenlosen Umgang mit der Sprache gleichsam aufzustören. Ein anderes Beispiel, das so mit dem Worte spielt, um die darin verhüllte Wahrheit zu bekräftigen, ist das Fragment 114,[19] wo der Gleichklang von ›gemeinsam‹ (ξυνόν) und ›mit Vernunft‹ (ξὺν νῷ) das Wortspiel ausmacht, und damit wird etwas gesagt. Die Vernunft ist nicht nur allen gemeinsam, sondern auf Vernunft beruht alles, was gemeinsam ist. Anderes mag für uns unkenntlich sein. So vermute ich aufgrund der Zitate bei Aristoteles[20] und der ἔρως-Spielereien des Pausanias und Eryximachos im *Symposion* – und auf dem Hintergrund des hesiodischen Vorbildes (Op. 20 ff.) –, daß Heraklit ähnlich mit ἔρως und ἔρις gespielt hat – im Blick auf den ›liebenden Streit‹, auf den mir Aristoteles anzuspielen scheint.[21]

Daß auch andere Kunstmittel in die gleiche Richtung weisen, so die paradoxe Sentenz, so das Gleichnis, so die Proportion, so auch die nichtsymmetrische Analogie, ist von vielen Forschern, insbesondere von Hermann Fraenkel, gezeigt worden. Es gilt also, vom Morphologischen her die paradoxen Einsichten Heraklits aufzuschließen.

Ich darf mit einem bekannten Satz anfangen, der mir Gelegenheit gibt, die Mißlichkeit der durch die Zitierweisen implizierten Vorverständnisse darzulegen. Der Satz ist u. a. bei Plotin überliefert, und das ist wiederum für die Interpretation wertvoll. Der kaiserzeitliche Platoniker ist einer, dem sich bereits die neuen Dimensionen der Innerlichkeit aufgetan haben. So ist es für uns selbstverständlich, daß sein Verständnis des heraklitischen Buches, das er noch kannte, ganz andere Richtungen einschlug, als wir für Heraklit selber annehmen können, und auch wieder ganz andere als die zuletzt auf der aristotelisch-theophrastischen Tradition beruhenden Lehrbücher und ihre Benutzer. Der Satz, den ich meine, ist einer der einfachsten Sätze, die man sich denken kann: »Der Weg hinauf und hinab ist ein und derselbe« (oder auch: »Der Weg hin und zurück ist ein und derselbe«).[22] Man hat das vielfach, schon in der Antike, in der Perspektive der aristotelisch geprägten Kosmologie verstanden und darin eine Schilderung des Kreislaufs der Elemente gesehen, wie sie von unten nach oben und von oben nach unten, vom Himmelsfeuer zum Wasser, zur Luft, wenn nicht umgekehrt, und von da zur Erde den großen Kreislauf der Elemente beschreiben.[23] Aber der Text, bei Plotin und auch sonstwo, deutet in nichts auf diesen Zusammenhang. Erst spätere Wiederaufnahmen deuten kosmologisch. Bei Plotin ist es die Lebensstimmung der Transzendenz, die Stimmung der frühchristlichen Jahrhunderte, die den Verständnishorizont des Autors weitgehend bestimmt. So versteht er den Satz von der Seele, die in den Körper hinabgeht, und von ihrer Rückkehr, dem Aufstieg zum Einen und Wahren. Das ist für Plotin das Hinauf und Hinab, das Heraklit gemeint haben soll. Gewiß wird niemand heute dieser Interpretation der Sentenz des Heraklit folgen. Man wird dessen vollends sicher sein, wenn man bei Plotin liest, wie er Heraklit deswegen besonders rühmt, weil er uns gelehrt habe, nach unserer Seele, nach unserem wahren Selbst zu forschen.

Indessen, die Sätze Heraklits, auf die sich Plotin in dieser Richtung bezieht, haben für uns noch immer etwas Verführerisches. Da lesen wir zum Beispiel: »Ich habe mich selbst gesucht.«[24] Für die antike Biographik bedeutet das, daß er keinen Lehrer gehabt, sondern alles selber gefunden habe. Für uns klingt es wie ein Vorklang der christlichen Innerlichkeit, wie sie in der sokratischen Frage zum ersten Mal zu hören ist. Oder gar, wenn wir lesen: »Die Grenzen der Seele kann man nicht ausmessen, so weit man auch schreitet, so tief liegt ihr Grund.«[25] Wieder klingt es nach Sokrates, wieder klingt es nach Platon, diese ›anima naturaliter christiana‹, die im Innern des Silenschreins die wahre Schönheit erkannte und überhaupt in die christliche Zukunft weist.[26] Und doch sollte man auch hier gegen die Überresonanz unserer eigenen Seelengeschichte mißtrauisch sein. Jedenfalls, was unseren Satz »Der Weg hinauf und hinab ist ein und derselbe« betrifft, so ist es sicher richtiger, eine ganz einfache Beobachtung darin zu erkennen. Es ist der gleiche Weg, der bei dem Aufstieg so schwer und der beim Abstieg so leicht scheint (oder auch: der einem im Hinweg so lang, im Rückweg so kurz vorkommt). Es ist, meine ich, ein einfaches Beispiel, wie ein und dasselbe ganz verschieden, ja entgegengesetzt aussieht.

Ein ganzer Typus von Sätzen ist unter Heraklits Namen überliefert, die in ähnlicher Weise sagen, wie etwas seinen Aspekt völlig wechseln kann. Offenbar entsprechen sich die Struktur des Gedankens und die Formstruktur solcher Sätze. Was Heraklit sagen will, ist offenbar, daß wir gegen unsere eigene Erfahrung, die eins vom anderen unterscheidet, eins dem anderen entgegensetzt, einsehen sollen, daß, was sich so verschieden darstellen mag, eine Art Identität im Gegensatz selber birgt. Heraklit blickt durch die Scheinbarkeit der Unterschiede und Gegensätze hindurch und entdeckt überall das Eine. Das braucht nicht auszuschließen, daß bei der Sentenz über den Weg noch andere moralisch-appellative Anwendungen anklingen sollten, die gerade die eigentliche Absicht waren. Aber sein Logos ist Einer. Er gewahrt ihn an so verschiedenen Phänomenen wie dem Fließen der Dinge, dem jähen Umschlagen von Feuer in Wasser und vom Schlaf zum Wachen und entdeckt in allem das gleiche Rätsel, in der Flamme, die sich verzehrt und erlischt, in der Bewegung, die von selbst anhebt und von selbst aufhört. Überall sieht er das Wunder des Lebens, das Rätsel des bei Bewußtsein Seins (des Wachseins) und das Geheimnis des Todes.

Es wird sich zeigen, daß das einer der Punkte ist, in dem Platon das Erbe des heraklitischen Denkens positiv übernimmt. Auf alle Fälle lehrt Plotins Zitatgebrauch, wie wenig Verbindlichkeit in der kosmologischen Verwendung der Sentenz lag. Umgekehrt läßt sich die Berechtigung für unser schlichtes Verständnis des Satzes über den Weg aus Heraklit selbst rechtfertigen, und zwar am Anfang der Schrift.[27] Er ist durch einen glücklichen Zufall gut überliefert. Aristoteles bemerkt nämlich zu dem ersten Satz der Schrift des Heraklit, daß wir hier ein Interpunktionsproblem vor uns haben. »Dieser Logos, der immer ist, dem gegenüber bleiben die Menschen immer ohne Verständnis.«[28] Wo das ›immer‹ hingehört, fragt sich Aristoteles. Auch die modernen Philologen sind darüber uneinig. Ist dieser Logos immer oder bleiben sie immer ohne Verständnis? Vermutlich ist das ein wahrer Fall dessen, was die Grammatiker das ἀπὸ κοινοῦ nennen. An sich eine ganz lederne Schulmeisterausrede, gewinnt diese Kategorie im Hören eines solchen Satzes dennoch Leben. Man muß sich daran erinnern, daß Aristoteles bereits ein Leser war (wenn auch natürlich einer, der laut las). Dieser Text war aber sicher für den Vortrag bestimmt. Dann konnte der Sprecher so artikulieren, daß das Wort ›immer‹ nach beiden Seiten ausstrahlen und die Nachbarworte färben konnte.[29] Doch ich gehe auf diesen vielbehandelten Satz, der sich an Paradoxien überbietet, hier nur ein, um ein Paradox hervorzuheben, das mir bisher nicht recht beachtet scheint und das eine Art Leitlinie für die Gesamt-Interpretation darstellen sollte. Heraklit beschreibt hier sein Vorhaben in folgender Weise: κατὰ φύσιν διαιρέων ἕκαστον καὶ φράζων ὅκως ἔχει. Das klingt höchst konventionell, wie eine Ansage im Stile umfassender ἱστορίη. Heraklit verspricht, »alles auseinanderzusetzen, wie es sich verhält«. Wie sieht aber dieses Auseinandersetzen in Wahrheit aus? Der Leser des Buches sieht es, der Hörer des Logos hört es. Es ist gerade nicht Unterscheiden, sondern in allem Unterschiedenen das Eine Gewahren: Das ist die heraklitische Botschaft. Was die anderen für verschieden halten, wie Hesiod Tag und Nacht, ist in Tat und Wahrheit eins und dasselbe. Die heraklitische Lehre wird ständig in dieser Weise formuliert: ἓν τὸ σοφόν.[30] Ich halte das für den eigentlichen und ursprünglichen Satz, der von Heraklit in seinem Buche anscheinend mehrfach wiederholt worden ist. Es kann nach dieser Formel ἓν τὸ σοφόν verschieden weitergehen: »es will und will nicht mit dem Namen des Zeus genannt werden« (Fr. 32), oder: »das ist die Einsicht« (γνώμη, Fr. 41). Auch in Fragment 50 steckt irgendwie unsere Formel ›Eins ist das Weise‹.[31]

Es ist ein sehr vielsagendes Neutrum, das hier als ›das Weise‹ erscheint. Der Besitz des Neutrums stellt einen der genialen Vorzüge des Griechischen für die Abstraktion des Denkens dar. Das haben Reinhardt und Snell uns sehen gelehrt. Wir kennen solchen Gebrauch des Neutrum in ähnlicher Weise aus der deutschen Dichtung, vor allem seit Goethe und Hölderlin, die ›das Göttliche‹ oder ›das Rettende‹ im Gedicht gebrauchen. Wenn dergleichen in einem Gedicht begegnet, wird es nicht als ein bestimmtes Seiendes verstanden[32]. Von solchem Neutrum geht vielmehr eine Seinsgegenwart aus, die den ganzen Raum erfüllt. ›Das Unheimliche‹, wie ›das Rettende‹, ›das Göttliche‹ oder ›das Heilige‹, oder was immer es ist, ist vollste Gegenwart, ohne daß ein bestimmtes Seiendes damit benannt wäre. So ist auch »das Weise« nicht von der Art, daß es etwas neben vielem anderen ist – es ist »getrennt« von allem (πάντων κεχωρισμένον, Fr. 108). Gegenüber dem Anschein der wechselnden Unterschiede ist es das, was eigentlich ist. So hat Heraklit offenbar seinen Logos gemeint, eine Wahrheit, die aus allem spricht und die doch niemand wahrhaben will.

Jedenfalls scheint mir die hermeneutische Aufgabe bei dem Verständnis dieses Einleitungssatzes zu sein, ihn nicht von vornherein von der späteren Lehre her auszulegen. Die Ankündigung soll vielmehr Erwartung wekken und lehnt sich wohl an den Stil der ἱστορίη an – aber diese Ankündigung bricht die Erwartung auf höchst paradoxe Weise ständig um.[33] Das Proömium kündigt im übrigen nicht an, daß der Verfasser eine Lehre hat, die besser ist als die Lehren anderer. Heraklit ist weit anspruchsvoller. Sie soll besser sein als alle Ansichten, die überhaupt die anderen Menschen haben. Heraklit ist so radikal wie Parmenides, wenn dort die Göttin, die ihn einführt, von den Meinungen der Sterblichen spricht (Fragmente 1,30 und 6). Dort sollte sich endlich durchsetzen, daß das keine Bezeichnung für Kollegen ist. Leider wird nicht ebenso sicher beachtet, daß diese ›Ansichten‹ (δόξαι) der Sterblichen immer im Plural erscheinen und durchaus nicht im platonischen Singular.[34]

Ich halte fest: Das Proömium erzählt uns nichts von dem Inhalt der Lehre. Immerhin gibt es gleich in seinem Beginn einen echt heraklitischen Vergleich, der einen ersten Wink darstellt für das, was Heraklit im ganzen sagen will. Das Thema bleibt auch hier der Gegensatz des einen Wissenden und der vielen, die nicht wissen: »Den Menschen bleibt verborgen, was sie im Wachen tun, genau wie sie vergessen, was sie im Schlafen tun.«[35] Damit ist offenbar gemeint, daß sie aus der Fülle ihrer Erfahrungen nichts lernen.[36] Das ist es, was unser Tun im Schlafe auszeichnet. Wenn wir erwacht sind, vergessen wir es. Aus den Traumerfahrungen, die wir machen, nehmen wir nichts in unsere gelebte Wirklichkeit hinüber. Des Träumenden Tun ist folgenlos. Weder vermag einer, zur Wachheit des Tages erweckt, das Spiel seines Traumes weiterzuspielen, noch fügt es sich in seine Erfahrung ein. Das will der Einleitungssatz sagen. Daher geht es hier nicht darum, wieweit Träume im antiken Leben auf ihre Vorbedeutung hin verstanden wurden. Heraklit sieht mit kaltem und klarem Auge darauf, daß das Träumen eben nicht Wachsein ist. Die Menschen machen Erfahrungen, ohne weise zu werden, das heißt, sie leben wie Träumer. Ihre Erfahrungen haben keine Folgen. Und so heißt es wörtlich: ἀπείροισιν ἐοίκασιν πειρώμενοι, »sie gleichen Unerfahrenen trotz aller Erfahrung«.

Der Anfang des Buches gibt so eine Leitlinie, nicht nur um die Verdichtung des heraklitischen Stiles zu erfassen, sondern auch, um das Eine, das ›Weise‹ hinter der alltäglichsten Erfahrung zu suchen.

Die Metapher in diesem gewaltigen Einleitungssatz ist spannungsvoll genug. Das Unverständnis, das die Menschen der Wahrheit gegenüber haben, soll nicht einfach als unabänderliche Tatsache hingestellt sein. Man kann jemanden aus dem Schlafe erwecken. Darauf beruht die appellierende Wucht dieses ersten Satzes. Aber er ist mehr, er ist doch zugleich eine Aussage, die auf sich selbst sozusagen zurückkommt. Es ist ein wahres Paradox, was sich hier als die Lehre des Heraklit anmeldet.

Diese Lehre geht den Weg zur Einsicht und lehrt zugleich die Kluft, die zwischen der einen Wahrheit und der Unfähigkeit zu lernen für die in die Vielfalt menschlichen Wähnens und Träumens Verstrickten besteht. Das Gleichnis von Wachen und Schlaf ist nicht nur appellierend gebraucht, sondern gehört zugleich zum Inhalt von Heraklits Lehre.

Wir begegnen ihm daher wiederholt (wenn auch vielleicht nicht immer im heraklitischen Wortlaut, wenn der Gebrauch des Wortes ›Kosmos‹ für ›Welt‹ dabei erscheint). Der Traum ist für Heraklit ein Symbol für den allgemeinen Unverstand. Ein Satz wie »Für die Erwachten gibt es nur eine und eine gemeinsame Welt, während die Schlafenden sich jeder in seine eigene abwenden«[37] gehört hierher. In diesem Sinne nennt Fragment 75 die Schlafenden wegen ihres Träumens ἐϱγάτας (Werker: Erbauer einer ganzen Eigenwelt).[38] Immer richtet sich der Blick auf die Menschen, die sich im Wachen so verhalten wie Schlafende. Fragment 73 spricht das geradezu aus: »Man soll nicht wie die Schlafenden handeln und reden«.[39] Diese Formulierung ist allerdings so banal, daß man wohl mit Kirk[40] annehmen muß, daß Marc Aurel hier nur eine moralische Quintessenz aus dem Schluß-Satz von Fragment 1 formuliert.

Wiederholt begegnet eine Proportion, die zwischen Wachen und Schlaf auf der einen Seite und Leben und Totsein auf der anderen Seite gebildet wird. Daß Vergleiche, Analogien, Proportionen ein archaisches Denkmittel waren, hat vor allem Hermann Fraenkel[41] gezeigt. Der heraklitische Gebrauch dieses Denkmittels hat allerdings seine Eigenheit. Wir können beobachten, wie Heraklit solche Proportionen und Vergleiche nicht einfach konstruiert, sondern auf paradoxe Weise auszufüllen liebt, so daß die Sätze provokatorisch-paränetische Schärfe gewinnen. So lesen wir in Fragment 21 nicht, wie wir erwarten würden, eine Entsprechung zwischen Schlaf und Traumgesichten auf der einen Seite, Wachsein und Wachwelt (Leben) auf der anderen Seite. Vielmehr heißt es überraschend und provozierend: »Tod ist, was wir wachend sehen (und nicht Leben), was wir als Schlummernde sehen, Schlaf.«[42] Die Feinheit dieser überraschenden Proportion liegt darin, daß das Endglied der Proportion ὕπνος und nicht ἐνύπνιον, ›Schlaf‹ und nicht ›Traum‹ heißt. Es wird damit der gesamte Zustand des Schlafes, in dem Traumgesichte begegnen, dem Schlafenden als das zugeordnet, was er sieht. Die Genauigkeit dieses wahrhaft gehämmerten Satzes kommt auf diese Weise deutlich heraus. Die beiden Eckwerte sind durch Tod und Schlaf gebildet, deren Entsprechung für sich spricht. Das Provokatorische des Vergleiches liegt darin, daß er überraschend einsetzt. Im ersten Glied würde ›Leben‹ zum Fortgang passen, und dort heißt es ›Tod‹. Das im Wachsein Gesehene wird so als Ganzes, mit seinem scheinbaren Wachsein, selber nicht der Lebendigkeit, sondern dem Totsein zugerechnet.[43]

Die Familienähnlichkeit heraklitischer Sätze nötigt zu sehr sorgfältiger rhythmischer Analyse der Überlieferung. Hier finde ich inzwischen in Charles Kahns Kommentar sehr feine Beobachtungen. Manchmal möchte ich, indem ich in die gleiche Richtung blicke, noch weiter gehen und aus nicht ganz so wohlgeschmiedeten Sätzen durch Emendation und Kondensation den originalen heraklitischen Satz herstellen. Gerade in den bestgeschmiedeten Sätzen Heraklits meine ich eine wahre Familienähnlichkeit zu erkennen. So möchte ich zu Kahns Analyse der Klangstruktur von Fragment 25[44] die Frage stellen, ob am Ende λαγχάνουσι (›sie erlangen‹) nicht entbehrlich ist. Es wird vielleicht dem antiken Zitierstil verdankt, in dem man zugleich expliziert. Der Satz könnte einfach geheißen haben: μόροι μέζονες μέζονες μοῖραι (oder: μέζονας μοίρας). Das klare Wortspiel spricht für sich selbst und zwingt zum Nachdenken.

Umgekehrt fühlt man sich sicher, den richtigen Wortlaut zu haben, wenn ein Satz klare Eckwerte aufweist wie Fragment 21 in der Entsprechung von θάνατος und ὕπνος (›Tod‹ und ›Schlaf‹). Auch Fragment 20[45] zeigt solche Eckwerte mit γενόμενοι und γενέσθαι. Im letzteren Falle frage ich mich, ob die Bindung durch die Eckwerte bei einem so langen Satz nicht wirksamer würde, wenn man sie noch erweiterte und μόρους τ' ἔχειν mit μόρους γενέσθαι konfrontierte. Zwar ist das klar, daß das ἐθέλουσι nicht gänzlich von seinem Objekt ζώειν getrennt werden darf; es ist ja durch τε – καὶ gefestigt. Aber warum soll Heraklit nur bei dem Einleitungssatz der doppelwendigen Gravitation von Worten gefolgt sein und nicht auch sonst ihren Doppelbezug genutzt haben? Auch hier würde das ἐθέλουσι sich im Hören von selbst verdoppeln, genau wie in Fragment 1 das ›immer‹: γενόμενοι ζώειν ἐθέλουσι μόρους τε ἔχειν καὶ [παῖδας καταλείπουσι] μόρους γενέσθαι. Das ist der Stil, den ich zu erkennen glaube, der ἔχειν und γενέσθαι konfrontiert.[46]

In der gleichen Weise scheint mir das von mir rekonstruierte Fragment πατὴρ υἱὸς ἑαυτοῦ schlagend, und manches andere auch. Im Fragment 21 stehen Traum und Schlaf für die Verblendung, die darin besteht, daß man nicht imstande ist, in all dem Verschiedenen, das uns begegnet, ein und dasselbe Wesen zu erkennen. Heraklit wird nicht müde, in unzähligen Variationen die Untrennbarkeit der Gegensätze zu lehren, die ihre Einheit bedeutet. Auch der oben besprochene Einleitungssatz gehört hierher. Wenn in ihm eine Vielheit angekündigt wird, die ›Worte und Taten‹, wie sie allen begegnen, durchzugehen, muß man in Wahrheit dabei gerade das Eine, das das allein Wahre ist, im Auge behalten. Der Satz zeigt die Menschen alle im gleichen Irrtum, Gegensätzliches für getrenntes Seiendes zu halten, statt die wahre Einheit zu erkennen. Das ist die Paradoxie, daß er dieses Eins-Sein ›auseinandersetzen‹ will, und das ist der Logos, den es zu hören gilt. Er meint nicht allein, was alle wissen, das Nacheinander, die notwendige Ablösung des einen durch das andere, wie bei Tag und Nacht, Sommer und Winter, Jugend und Alter, sondern darüber hinaus jenes Ineinander, das Platon an der Stelle im *Sophistes* betont, von der wir ausgingen. Die Gespanntheit dieser ionischen Musen besteht offenkundig darin, daß es dasselbe ist, das sich im Auseinandertreten mit sich selbst zusammenhält (Fr. 51), wie der Mischtrank, der sich zersetzen würde, wenn man ihn nicht umrührte (Fr. 125), oder wie das Fragment 10 mit seinem συνᾷδον – διᾷδον (›zusammenklingend – auseinanderklingend‹) oder das Fragment 8 mit seinem ἀντίξουν – συμφέρον (›widerstrebend – beitragend‹). Bei Aristoteles wird es völlig deutlich, wie das zu verstehen ist: der hohe und der tiefe Ton müssen beide da sein, wenn es Harmonie geben soll.[47] Das Auseinandertreten in Gegensätze ist also nicht das Resultat eines Prozesses der ἔκκρισις, wie Aristoteles von Anaximander behauptet (VS 12 A 16) und wie es wohl wirklich hinter der vertieften Gegensatzlehre steht, die dem Parmenides seine Göttin enthüllt. Aristoteles hat eben nirgends ein spekulatives Verständnis für die kontradiktorischen Aussagen Heraklits.[48] Es fällt geradezu auf, daß er an einer Stelle der *Physik* (A 4,187a 26 ff.) außer Anaximander nur Empedokles und Anaxagoras, und zwar in ähnlicher Unterscheidung von ›periodisch‹ und ›einmalig‹, unter denen erwähnt, die das Eine und Viele gleichzeitig annehmen. Hier wird von der ἔκκρισις gesprochen, offenbar ohne daß dabei Heraklit erwähnt wird, obwohl die Anlehnung an die *Sophistes*-Stelle 242b das hätte erwarten lassen. Ebenso ist in der *Metaphysik* (A 8,989a 13) Heraklit nicht genannt, wenn Aristoteles das Mittlere zwischen Feuer und Luft, von dem er in der *Physik* (187a 14) spricht, durch das Mittlere zwischen Luft und Wasser ersetzt. Statt Heraklits Feuerlehre hier als einen Fall von ἔκκρισις einzustufen und dem Prinzip seiner Elementenlehre einzufügen, übergeht er ihn. Offenkundig ist das mit dem heraklitischen Text in seinen Augen nicht vereinbar gewesen.

So muß man jedenfalls urteilen, wenn man die platonische Abhebung der heraklitischen ionischen Musen gegen die sizilischen Musen des Empedokles für bare Münze nimmt. Dafür gibt es aber eine Reihe unzweifelhafter Heraklit-Sprüche, die das unterstützen: das Bild des Flusses, die Harmonie im Zusammenhang mit Bogen und Leier, die Harmonie als solche, der Gerstentrank. In all diesen Fällen ist von Einheit aufgrund bloßer zeitlicher Sukzession oder aufgrund bloßer Plötzlichkeit des Übergangs nicht mehr die Rede. (Allenfalls, wenn Plötzlichkeit des Übergangs im Blick steht, könnte man die Beispiele ohne das Zugleich der spekulativen Einheit der Zeitfolge subsumieren.)

Wie sehen nun die stärker begrifflichen Aussagen aus? Fragment 10[49] führt zwar auf vorherige Getrenntheit hin, meint aber doch klärlich das Zugleich, da das platonische συμφερόμενον – διαφερόμενον in der Reihe auftaucht. Ebenso kann man ὅλα καὶ οὐχ ὅλα nur als die logische Untrennbarkeit von Ganzem und Teilen verstehen, und ebenso ist es ja mit der Konsonanz und Dissonanz, die durch die Analogie der Harmonie gesichert ist (συνᾷδον – διᾷδον). Das legt den Sinn des »aus allem Eines« abermals in dem Sinne fest, in dem Platon davon spricht.

Prüft man die Ankündigung der Zitatenreihe bei Hippolytos, Fragment 51,[50] so kann man bei manchen wohl schwanken, ob sie echte spekulative Einheit illustrieren. Immerhin hat meine oben zitierte Analyse der Vater-Sohn-Paradoxie den Aussagewert der Zitatenreihe verstärkt, und so wird man wohl überall, wo Hippolytos ausdrücklich echte Gegensätze anführt, wie in Fragment 67,[51] das Eine im platonischen Sinn nehmen müssen. Im Falle von Tag und Nacht bestätigt das die Hesiod-Polemik in Fragment 57. Ebenso ist der Tod (θάνατος) und sein Gegensatz zum Leben durch Fragment 76 gesichert, das auf Fragment 62[52] zurückgeht. Dagegen scheinen andere Aussagen nur den Wechsel als solchen auszusagen und nicht die spekulative Einheit, die im Wechsel liegt. Das gilt etwa von der Fortsetzung von Fragment 67,[53] wo die verschiedenen Aspekte des Gottes oder des Feuers durch die Beimengung von verschiedenem Räucherwerk zustande kommen. Immerhin steht hier für das Eine auch ›der Gott‹. Fragment 88,[54] dessen

Lesung unsicher genug ist, legt zwar den Nachdruck ohne Zweifel auf den Wechsel, auf das Nacheinander, das aber immerhin als Umschlag beschrieben wird (μεταπεσόντα). Jeder Wechsel impliziert eben in Heraklits Augen ein Zugleich. Das scheint mir auch für die Kosmologie von Fragment 31 zu gelten, von dem später die Rede sein wird.

Das Auseinandertreten in Gegensätze bekundet mithin überall das einheitliche Wesen der Dinge und ihr wahres Sein. Sie sind nicht ohne einander, ob es nun so ist, daß sie notwendig aufeinander folgen, oder so, daß sie geradezu zusammenklingen und die Einheit der melodischen Fügung bilden. In jedem Falle muß man zu der Einsicht gelangen, daß das andere schon immer mit da ist. Dafür ist die beste Aufweisung eben dies, daß das Entgegengesetzte plötzlich und unvermittelt hervorbricht. Mit einem Schlage wechselt das, was ist, seinen Anblick ganz und gar, und das Gegenteil tritt heraus. Das beweist, daß es schon vorher da war. So, meine ich, will Heraklit im Grunde für alles, was ist, das gleiche, das Eins-Sein des Verschiedenen, behaupten, und das ist der Grund, warum er das Eine »von allem getrennt« nennt. Die Gegensätze, die er ausdrücklich nennt, stehen offenbar unter dem Auswahlgesichtspunkt, daß es anscheinend einander völlig ausschließende sind, die sich gleichwohl als eines und als dasselbe erkennen lassen.

Unter diesen Gegensätzen, von denen Fragment 67 spricht, erscheint der von Mangel und Sattheit von besonders klarer Evidenz. Unabhängig von allen kosmologischen Anwendungen und Ausdeutungen kennen wir alle diese Erfahrung. Das Verlockende von Speise setzt Hunger bzw. Appetit voraus und schwindet mit überraschender Plötzlichkeit, wenn man satt ist. Der Gegensatz von Krieg und Frieden leuchtet ebenso ein. Was das eine ist, ist das gänzliche Nichtsein des anderen. Der Ausbruch des Krieges ist eine völlige Verwandlung von allem. Auch Wachen und Schlaf gehört ganz in diese Reihe. Was an den Gegensätzen von Wachsein und Schlaf so frappiert, ist ja ebenfalls die Plötzlichkeit, mit der der Gesamtzustand ein anderer ist. Wer in Schlaf verfällt oder versinkt, scheint ganz ein anderer und ist doch derselbe, wie sich im Erwachen zeigt. Soweit wären die Gegensatzpaare nach dem Muster von Wachen und Schlaf (Fr. 88) einfach zu verstehen.

Nun begegnet in Fragment 88 unter den Gegensätzen freilich auch ›lebendig und tot‹, und ferner ›jung und alt‹. Was soll da die Wechselseitigkeit des Umschlages bedeuten? Für ›jung und alt‹ läßt sich das vielleicht noch einigermaßen als Perspektivenwechsel erklären, sofern die unmittelbare menschliche Erfahrung uns bestätigt, daß ›alt‹ und ›jung‹ etwas sehr Relatives sind. Es kann einer plötzlich jung sein, und das heißt nicht nur, daß er sich verjüngt fühlt. Er wirkt tatsächlich jung. Ebenso kann einer plötzlich ganz alt aussehen. Auf diese Weise träfe die platonische Formel, daß es dasselbe ist, das zugleich das eine und das andere ist, vollendet zu. Es ist beides in ihm. Nur der Aspekt des Seienden wechselt. Auch im platonischen *Parmenides* (141a f., 152a f.) begegnen übrigens die dialektischen Spiele von ›jung und alt‹ in der Reihe der Relationen.

Die größte Schwierigkeit, die in diesen Zeugnissen für unser Verständnis besteht, stellt der Gegensatz von Leben und Tod dar. Gewiß bedeutet es etwas, daß dieser Gegensatz bei Heraklit hier nicht als etwas Besonderes begegnet, sondern in einer langen Reihe von ähnlichen Gegensatzpaaren. Das erinnert einen daran, daß die Stellung des Todes und das ihm entsprechende Todesverständnis in dem christlichen Kulturkreis, dem wir angehören, eine ganz ungewöhnliche und außerordentliche ist. Diese außerordentliche Stellung wirkt bis heute fort, auch wenn die religiösen Hintergründe in der modernen Welt weitgehend verblaßt sind und der Osterglaube, also die Überwindung des Todes durch die Auferstehung, das allgemeine Kulturbewußtsein zunehmend weniger trägt. Auch wenn man den Tod in seiner ganzen Unwiderruflichkeit und unbegreiflichen Furchtbarkeit nicht mehr im Lichte der Erlösungstat des stellvertretenden Erleidens des Kreuzestodes durch Jesus und im Ganzen der christlichen Botschaft als Glaubender annimmt, ist es doch nicht so leicht, sich der besonderen Stellung des Todes in unserer europäischen Kultur und ihrer Seelengeschichte genügend bewußt zu sein, und so auch, wenn man auf die Heraklit-Zeugnisse blickt.

Man kann es als ein klassisches Beispiel für das ansehen, was ich im Problemzusammenhang der Hermeneutik ›wirkungsgeschichtliches Bewußtsein‹ genannt habe. Unsere eigene Vorprägung sitzt so tief, daß sie im Verständnis anderer Kulturen und Geschichtswelten uns behindert. Um zu besserem Verständnis zu gelangen, muß man sich seiner eigenen Vorprägung bewußt zu werden versuchen. Das ist im Falle Heraklits schwierig genug, weil die spätantike und frühchristliche Einwirkung auf die Heraklit-Überlieferung vor allem bei Hippolytos und Clemens uns geradezu unsere eigene Vorprägung aufdrängt und uns insofern irreleitet. Auf der anderen Seite müssen wir uns unserer eigenen Vorprägung bewußt bleiben, auch wenn wir uns hüten müssen, vorschnelle Identifikationen zu vollziehen. Größere Schwierigkeiten tun sich natürlich auf, wo wir es noch mit ganz anderen Kulturkreisen und Traditionen zu tun haben. Man denke etwa an die Verformung der Vedanta durch den Kantianer Schopenhauer.

Nun hat menschliche Besinnung überall der Erfahrung des Todes eine überragende Bedeutung zugemessen. Das gilt gewiß auch für die griechische Volksreligion, etwa für die Vorstellung vom Hades, für den Strom des Vergessens, der die Lebenden von den Toten scheidet, wie die Homerischen Epen sie schildern. Ebenso zeigt das Götterdrama, das Aischylos in seiner Neudeutung des Prometheus-Mythos auf die Bühne brachte, daß der Tod eine Art Lebensfrage der Menschheit ist. Im Grunde sind alle Religionen Antworten auf das Rätsel des Todes, ob die Antwort im Totenkult oder im Ahnenkult oder in anderen Formen des Seelenglaubens oder Unsterblichkeitsglaubens erfolgt. Auch die Hadesvorstellung bleibt eine Antwort auf das unbegreifliche Rätsel des Todes. Manche Mythen, die etwa mit den Namen Orpheus und Eurydike oder Alkestis oder in gewissem Sinne auch mit der Figur des Büßers Sisyphos verknüpft sind, scheinen zwar die Unwiderruflichkeit des Todes abzuschwächen. Aber auch diese Mythen erzählen ja gerade, wie diese Überwindung des Todes zum Scheitern gelangt. Gewiß, die griechische Volksreligion, mit ihrer Vorstellung des Hades und der Insel der Seligen, hat die fortdauernde Gegenwart der Abgeschiedenen im Sinne, und in der Nekyia sogar die Wiederbegegnung mit ihnen. Und doch rührt uns auch heute noch die atembeklemmende Traurigkeit auf den griechischen Grabdenkmälern an. Platon selbst läßt im *Phaidon* von dem Kind im Manne reden, dessen Angst vor dem Tode sich nie ganz beschwichtigen läßt.

Indessen, bei Heraklit geht es um etwas anderes, um den Umschlag vom Tod zum Leben, der dem Umschlag vom Leben zum Tode zugeordnet wäre. Derartiges ist im Hadesglauben nicht gelegen. Wohl könnte man an den orphischen und pythagoreischen Glauben an die Seelenwanderung und die Wiedereinkörperung der Seelen von Verstorbenen in neuen Lebenslosen denken, die eine Art Wechselverhältnis von Tod und Leben verständlich machen würden. Aber das hängt doch am Ende ausschließlich an der Frage, ob der so neu Eingekörperte Wiedererinnerung an sein Vorleben gewinnt. Das mag den Eingeweihten in einem solchen Kult verheißen sein, aber eine Überwindung des Todes, wie er im christlichen Glauben an Tod und Auferstehung Jesu Christi gelegen ist, hat in solchen religiösen Bewegungen, so wenig wie bei Homer, auch im späteren Griechentum keine wirkliche Entsprechung. Man muß im ganzen den griechischen Totenkult, wie den anderer Religionen, als eine Art des Festhaltens am Leben verstehen. Die Besonderheit der christlichen Religion besteht darin, daß durch sie die Schrecken des Todes nicht abgeschwächt werden sollen, sondern im Glauben an die Auferstehung als die Erlösung vom Tode durch das stellvertretende Leiden Jesu ganz angenommen werden. »Christus ist mein Leben, und Sterben mein Gewinn.« Insofern hat die vorchristliche Welt, und so auch die griechische Welt im ganzen, am Christentum eine unübersteigbare Grenze, die etwa Novalis in seinen *Hymnen an die Nacht* beschrieben hat.

Man wird sich der Andersheit der christlichen Glaubenserfahrung des Todes auch bei Platon bewußt, wenn man etwa den ersten Beweis für die Unsterblichkeit der Seele liest,[55] den Platon im *Phaidon* dem Sokrates in den Mund legt (70d ff.). Da ist es für den modernen Leser schwer verständlich, daß man aus dem allgemeinen Kreislauf des Naturlebens die Gleichgewichtigkeit von Tod und Leben, von Sterben und Wiederkehr überhaupt soll folgern können. Der Rhythmus des Naturlebens scheint der Seelengeschichte des Menschen schlechthin unangemessen. Auch im *Phaidon* deutet Platon das an, wenn Kebes nur zögernd dem Wechsel vom Tod zum Leben zustimmt (φαίνεται 71e). Vollends hat es für uns etwas Verblüffendes, wenn aus dieser Beweisführung des *Phaidon* folgen soll, daß die Seelen der Gestorbenen nicht nur weiter existieren (εἶναι 72e), sondern, wie es im Text heißt, daß die Guten, die gestorben sind, eine bessere Existenz haben werden als die Schlechten (72e). Das zu folgern ist so absurd, daß die moderne Philologie diese zusätzliche Bestimmung als unecht gestrichen hat, obwohl der Text einheitlich so überliefert ist. In der Tat, wie soll man verstehen, daß das aus dem Rhythmus des Naturlebens folgen soll? Da begreift man eher, daß im *Phaidon* ein weiterer Beweis folgt, durch den der Periodik des Naturgeschehens das bekannte sokratische Argument der Anamnesis angefügt wird. Aber auch da fragt man sich, wie soll dieser Beweis eine Ergänzung des ersten sein? Die Seele ist doch im ersten Argument etwas ganz anderes als die sich wiedererinnernde Seele. Man mag hier allenfalls bei Platon, insbesondere in dem Gespräch des Sokrates mit zwei Pythagoreern, an den vermittelnden Gesamthorizont der Seelenwanderung denken, der auch weiterhin bei Platon anklingt. Es ist aber von entscheidender Bedeutung, sich klarzumachen, daß das nichts mit Heraklit zu tun hat.

Von Seelenwanderung kann bei Heraklit keine Rede sein, während sich der dem Naturleben und den denkenden Wesen gemeinsame Seelenraum der Griechen bei Platon erkennen läßt. Dagegen zielt Heraklit mit seinen kühnen Gegensatzpaaren ganz auf das Paradox des Umschlags. Der Gedanke Heraklits ist also weit radikaler. Da gibt es nicht, wie es bei Platon scheinen will, ein bestimmtes Seiendes, die Seele, die sich als das Unveränderliche auch bei sich ändernder Erscheinungsweise und ihrem veränderten Aufenthalt im Leibe oder im Hades erhält.

An dieser Stelle kann die Erinnerung an eine bedeutsame kleine Szene im platonischen *Phaidon* hilfreich sein. Dort unterbricht (103a f.) ein Unbekannter – wahrlich ein Hinweis, auf den damit ein außerordentlicher Nachdruck fällt – die sokratische Gedankenführung, die den Ausschluß der Gegensätze des Lebens und des Todes zum Beweis der Unsterblichkeit der Seele eingeführt hat. Der Unbekannte erinnert daran, daß doch gerade der Übergang vom einen zum anderen, der Gegensätze ineinander, an früherer Stelle des Gespräches (nämlich 70d f.) behauptet wurde. Sokrates benutzt die Gelegenheit, auch seinem Freunde Kebes deutlich zu machen, daß das Denken von Gegensätzen hier einen anderen Sinn hat, wenn man die Gegensätze als solche denkt und in ihrer gegenseitigen Ausschließung im Auge hat, als wenn man von irgendeiner Sache, einem πρᾶγμα, etwa der Seele, sagt, daß etwas sich von einem Gegensatz zum anderen hinbewegt. Das setzt in Wahrheit das rein Gedachte, die Gegensätzlichkeit als solche, ihr Ideesein, voraus. Es bedeutet, daß die Gegensätze von dem unterschieden werden, woran sie auftreten. Bei Aristoteles wird das später das ὑποκείμενον heißen, dessen sich das frühe Gegensatzdenken der Ionier wie der Pythagoreer noch gar nicht begrifflich bewußt war. Das illustriert Platon später als den Mangel der Früheren, indem er im *Philebos* (23d, 26d) die dritte Gattung, die des Gemessenen, ausdrücklich einführt (neben der des Maßes).

Die Erinnerung an Platon kann uns indessen helfen, die eigentliche Frage Heraklits zu erahnen. Weder die aristotelische Analyse der Bewegtheit der Natur, noch gar die durch Homer, Hesiod und die durch den Herokult oder den Mysterienglauben vermittelten Vorstellungen entsprechen der wahren Intention Heraklits. Für ihn geht es um die Paradoxie des Umschlages und damit um das Einssein des Seins. Was ist Leben und was ist Tod, was ist Entstehen und Erlöschen des Lebens? Das ist das Rätsel, dem Heraklit nachsinnt. Er sucht in allen Gegensätzlichkeiten das Eine, und er findet in dem Einen das Gegensätzliche, im Feuer die Flamme, im Logos die Seele, im Einen das Weise (ἓν τὸ σοφόν). Platon wird den großen Parmenides schildern, der dem verblüfften jungen Sokrates in kühnen Spielen vorführt, daß das Eine in Allem ist und daß auch die Ideen, selbst die gegensätzlichen, ineinander übergehen und Eines sind. So kann Platon Heraklit aufnehmen.

Ich komme also zu dem Schluß, man soll hier nicht auf besondere Vorstellungsweisen Bezug nehmen. Es kommt für die Identitätsthese auf etwas anderes an, auf die Plötzlichkeit, mit der sich der Anblick der Dinge verändert. Das stellt der Gegensatz von Tod und Leben in Wahrheit vor Augen. Man muß die ganze Lehre auf diesen Punkt hin interpretieren. Jede Abschwächung der Gegensätzlichkeit, etwa von Tod und Leben, stünde im Widerspruch zu dem ganzen Tenor der Gegensatzlehre. Der Gedanke ist weit radikaler. Nicht ein bestimmtes Seiendes, etwa die Seele, liegt bei allem, was Leben hat, als das Unveränderliche hinter dem sich ändernden Anblick. Es ist das Geheimnis der Natur des Seins selber, das Eine Weise, das wahre Göttliche, was sich noch im jähen Wechsel von Tod und Leben manifestiert. Selbst der Tod ist wie ein plötzlicher Umschlag in der Erscheinung des Seins.

So sollte man versuchen, wiederum dem Programm des Proömiums zu folgen und in bekannten Erfahrungen die unbemerkte Wahrheit zu erkennen. Wenn in Fragment 62 davon die Rede ist, daß die Götter »unseren Tod leben«, könnte das heißen, daß ihr Sein erst durch unseren Tod herauskommt. Ihr Sein artikuliert sich als das, was es ist, angesichts unserer Endlichkeit (und sicherlich nicht, weil sie sich dabei als Zuschauer verhalten, wie Fink meinte[56]). Entsprechend könnte man verstehen, daß wir im Leben deren Tod sterben, das heißt, daß die Unsterblichen als das, was sie sind, für uns nicht herauskommen, solange uns die Lebensgewißheit und Lebenssicherheit im Banne hält. Die Wahrheit wäre abermals, daß durch ihre Wechselhaftigkeit beide Aspekte ihre Nichtigkeit beweisen und das Eine, das allein Weise, als das Wahre bestätigen.

Damit tritt die Identität der zahlreichen Aussagen über den wechselnden Aspekt der Dinge ins Licht, deren Deutung nicht strittig ist. Da heißt es zum Beispiel: »Die Esel ziehen Spreu dem Golde vor« (Fr. 9). Oder: »Meerwasser ist für die Fische trinkbar und für ihr Leben notwendig, für die Menschen ist es ungenießbar und todbringend« (Fr. 61). Oder: »Der schönste Affe ist häßlich im Vergleich zum Menschengeschlecht« (Fr. 82). Oder: »Der Weiseste der Menschen nimmt sich im Vergleich mit dem Gott wie ein Affe aus« (Fr. 83). Selbst Sätze wie Fragment 84a und 84b, »Abwechslung erholt« oder »Immer vom selben gefordert und bedrückt zu werden ist ermüdend«, sollte man von allen unbefriedigenden mythischen Anwendungen, wie sie Plotin vornimmt, ablösen. Sie verdienen keinen Glauben. Er sagt selber ausdrücklich: ἀμελήσας σαφῆ ἡμῖν ποιῆσαι τὸν λόγον.[57] All das sind negative Entsprechungen zur Identität des Verschiedenen und lassen in der Verschiedenheit das Identische erkennen.

Ähnlich lassen sich auch die Fragmente 24, 25 und 27 deuten. Sie meinen schwerlich irgendeine heraklitische Sonderlehre über die Toten und ihr künftiges Schicksal oder gar eine Mysterienweisheit, die dem Uneingeweihten verschlossen wäre und die Heraklit in Wahrheit mit allen Miteingeweihten zu teilen hätte. Vielmehr handelt es sich auch hier um etwas offen Daliegendes, allen Bekanntes, das doch keiner in seiner wahren Bedeutung erkennt. Ein Beispiel für ein Allbekanntes ist die Erhöhung des im Kriege, »auf dem Felde der Ehre« Gefallenen (ἀρηιφάτους, Fr. 24). Er ist wie ein plötzlich Verwandelter. Alle ehren ihn, alle sehen ihn anders, vorbildhaft, verklärt. Das ist die Einsicht Heraklits und besagt durchaus keine Teilnahme an dem Heroenkult. Das wäre für ihn höchstens ein kultisch ausgestattetes Beispiel für die Plötzlichkeit solchen Umschlags gewesen.

Ähnlich dürfte im Fragment 27 nicht eine geheimnistuerische Ankündigung unerwarteter Jenseitserfahrungen liegen. Vielmehr wird eben das gemeint sein, daß die Menschen nach ihrem Tode so anders dastehen, so erhöht, wie man es bei Lebzeiten nicht für möglich gehalten hätte.[58] Die gleiche Erfahrung aus der Menschenwelt scheint Fragment 18 auszusprechen, »wenn man nicht hofft, wird man auch nicht das Unverhoffte finden«.[59] Es ist dank dem Hoffen, daß das, was eintritt, gerade weil es unvorhersehbar war und unerreichbar schien, sich ganz anders darstellt, als man es erwarten konnte. Da kann es Überraschung, mag es Erfüllung sein. Nur dem Hoffenden kann Unverhofftes zuteil werden.

Daß solche Interpretation auf Aspektwechsel hin den Sinn der heraklitischen Aussagen trifft, wird etwa auch durch Fragment 53 mindestens bestätigt. Da heißt es nämlich ausdrücklich von dem Krieg, dem Vater aller Dinge, »er erweist die einen als Götter, die anderen als Menschen«. Ohnmacht und Macht des Menschen kommen heraus. Von den einen kommt heraus, daß sie feige Knechte sind, von den anderen, daß sie wahrhaft Freie sind.[60] Wieder heißt das: Was in einem jeden schon liegt, kommt nur heraus. Der Krieg, der wahre Gott, liegt nicht nur den äußersten Gegensätzen zugrunde, sondern er löst selber den Aspektwechsel aus. Er ist das in allem Zwist Gemeinsame, der eigentliche Logos hinter den Unterschieden, in denen sich die Dinge scheinhaft zeigen. So sagt es Fragment 80, daß der Krieg in der Tat das allen Gemeinsame ist, dem sich keiner entziehen kann und allen zu gleichen Teilen zukommt.[61] So kann es bei Heraklit heißen: ›Dike‹, die allen gleich Verteilende, und ›Eris‹, der Streit, sind eines (καὶ δίκην καὶ ἔριν möchte ich lesen). Die Gemeinsamkeit des Rechtes und die Gemeinsamkeit des Streites umfaßt alles. Was allen gemeinsam ist, ist in Wahrheit eines und dasselbe. Dem entspricht die von Diels doch wohl richtig hergestellte Fortsetzung.[62] Auch die Unsterblichen sind in dieser Weise eine Besonderung, die nicht ohne die Sterblichen ist (Fr. 62). Offensichtlich meint Heraklit mit den Unsterblichen nicht den Gott von Fragment 67, den Einen in der Vielfalt seiner Erscheinungen. Es sieht vielmehr so aus, als ob Heraklit in kühnem Aufklärungsdenken, Platon vorwegnehmend, die traditionelle Götterwelt mit der menschlichen Welterfahrung in ein Wechselverhältnis setzt. Wie der Krieg Macht und Ohnmacht des Menschen offenbart, so kommt auch die Macht der Götter im Scheitern der Menschen heraus und deren Ohnmacht im eigenen Wohlergehen. Fast noch paradoxer ist es, daß die Unsterblichkeit, die der Gefallene erwirbt, ihm durch den Tod zukommt!

Von hier aus möchte ich die allgemeine Frage stellen, ob nicht alle die Sätze über Ruhm und Unsterblichkeit, wie Fragment 24, 25 und vielleicht sogar 27, die Verwandlung der Toten meinen. Auch Fragment 29 scheint mir wie eine Bestätigung: »Die Edlen wählen Eines statt allem anderen.« Das soll doch wohl sagen, daß es gerade ihren Adel ausmacht, daß sie in ihrem Leben wirklich dem folgen, was nach Heraklit das Eine Wahre ist. Mögen manche dieser Ausdeutungen im einzelnen fraglich bleiben und mögen immerhin Anklänge an konventionelle religiöse Vorstellungen hineinspielen – der Versuch, der ehedem allgemein akzeptiert war, Heraklit wegen seines mystischen Tones zum logischen Interpreten von Mysterienweisheit zu machen, scheitert daran, daß Heraklit den Anspruch erhebt, das Eine zu denken, und damit Weisheit nicht Eingeweihten, sondern allen Menschen zumutet.

Wie verträgt sich aber all das mit der Feuerkosmologie? Man muß bei dieser Frage nicht nur Heraklits Stil und Platons Heraklit-Charakteristik im Auge behalten, sondern auch polemische Bezugnahmen auf die milesischen Lehren in Rechnung stellen. Zwar war der Anspruch auf paradoxe Aufklärung, den das Proömium erhebt, stets auf das Verhalten der Menschen im ganzen bezogen. Aber es sieht doch so aus, als ob die Sache hier eine besondere Wendung nimmt. Auch diese neue Wissenschaft wird konsequenterweise einer Art Aufklärung unterzogen werden müssen. Wenn wir bisher die allgemeine Anweisung des Proömiums befolgten und nichts voraussetzten, was nicht die alltägliche Erfahrung die Menschen lehren sollte und in Wahrheit doch nicht lehrt, müssen wir uns jetzt fragen, wie Heraklit die neue Aufklärung insgesamt, welche die Milesier, aber auch die Pythagoreer und Männer wie Xenophanes verbreiteten, kritisiert und seinen Einsichten einpaßt.

Das bedeutet kein Verlassen unseres Grundsatzes. Denn es sind nicht besondere Erkenntnisse, die er zum Thema macht, sondern die neue Weise, die Welt zu sehen, λόγῳ denkend. Der meteorologische Prozeß liegt aller Beobachtung offen zutage. Auch muß sich jedermann fragen, wieweit die Entmythologisierung des mythischen Weltbildes und die Rezeption des kosmogonischen Schemas solche Fragen unausweichlich macht wie die nach dem Anfang und ob nicht solche Prozesse der Weltwerdung immer wieder und überall in Gang kommen können. Die spätere Korpuskulartheorie und vollends die Atomistik haben so gedacht und im Grunde für jedes denkende Bewußtsein verständlich gedacht. Ich meine also, daß Heraklit durchaus nicht als ein Fortsetzer der ionischen Kosmogonie gesehen werden darf und diese in Kosmologie überführt. Dafür macht er doch öfters zu naive Beobachtungen oder Anwendungen, die nur bedeuten können, daß die Bezugnahme auf die kosmologischen Dinge für ihn von sekundärer Bedeutung sind. Wenn Heraklit auf die kosmogonische Erkenntnis seiner ionischen Nachbarn Bezug nimmt, scheint seine Absicht nicht zu sein, mit den großen Forschern ud Entdeckern aus Milet in Wettbewerb zu treten. Was er beansprucht, ist überhaupt nicht, neue Kunde von überall herbeizuziehen, sondern die in allem Augenscheinlichen oder sonst wie Bekannten verborgene Wahrheit ans Licht zu bringen. Das ging aus dem Einleitungssatz hervor, der geradezu mit dem Paradox einer allen sichtbaren, doch überall verkannten Wahrheit spielt. So werden wir schon aus diesem Grunde mit der Deutung der Feuerkosmologie als einer ›Kosmologie‹ nicht allzuweit kommen. Die gequälten Versuche der späteren Doxographen, die überlieferten Sätze Heraklits dem kosmologischen Schema oder gar der von Empedokles eingeführten und von Platon oder Aristoteles ausgearbeiteten Elementenlehre einzupassen, können einen nicht ermutigen.

Es handelt sich um einige wenige kosmologische Sätze von höchst paradoxer Gestalt. Da ist Fragment 30,[63] das in der gesamten frühen Überlieferung kosmologischen Denkens ohnehin einzig zu sein scheint. Ich glaube nicht, daß man darin eine Zurückweisung ionischer Kosmogonie sehen darf, wie neuerdings versucht worden ist. Als ob die Ionier mit ihrer Kosmogonie etwas anderes gelehrt hätten als eben dies, daß kein Gott und kein Mensch diese Weltordnung eingerichtet hat. Heraklits Satz klingt in seinem ersten Teil eher wie eine positive Bezugnahme auf die ionische Physislehre. Etwas anderes an diesem Satz klingt aber sofort heraklitisch, und das ist die Betonung, daß diese Ordnung dieselbe für alle (oder von allem) ist. Wenn dieser Textteil echt ist, läßt er einen an die warnenden Aussagen über die Unvernunft der Menschen denken, die wie Träumende ein jeder sich seine eigene Welt aufbauen (vgl. Fr. 89). Das Wesentliche an dem Satz ist offenbar, daß die Erwartung einer unveränderlichen Weltordnung ausgerechnet dem unruhigsten aller Elemente, dem Feuer, zugeschrieben werden soll. Dem ewig Lebenden, und das heißt dem immer ruhelosen Feuer, wird das aufgebürdet, was sonst das große Gleichgewicht der Weltvision des Anaximander von sich aus einhielt, nämlich Maß zu halten bzw. Maß immer wieder herzustellen. Dies Maß wird hier als Sich-Entzünden und Verlöschen des Feuers geschildert – ein seltsames Gegeneinander von maßhaft Geordnetem und explosiv Plötzlichem. Dabei ist offenkundig, daß Entzünden und Verlöschen eben das Plötzliche symbolisieren, durch das Heraklits Weltvision inspiriert war. Und doch ist es ebensowenig zweifelhaft, daß Heraklit die Maßhaftigkeit alles Geschehens ebenfalls voraussetzt und dieselbe nur neu interpretieren will. Insofern geht es nicht darum, die angebliche Kosmologie in bloße Symbolik aufzulösen. Es geht vielmehr darum, in Heraklit eine neue Antwort auf die Erfahrung des Seins des Ganzen zu entdecken. Das scheint mir das in Fragment 30 aufgegebene Rätsel zu meinen.

Wenden wir uns nun dem weiteren Texte von Clemens zu, so kann man doch kaum bezweifeln, daß der Folgesatz, also Fragment 31,[64] unmittelbar an unseren

Satz anschließt (»Feuers Wandlungen . . .«). Dann dürfte aber diese Wendung ›πυρὸς τροπαί‹ denselben unüberhörbaren Ton des Paradoxes tragen, der den ersten Satz als ein Paradox erscheinen ließ. Alles sind Ausschläge unruhigen Feuers. Es ist also nichts mit dem ionischen volltönenden Ausgleichsgeschehen, in dem alle Gegensätze für ihr Vorwiegen jeweils Strafe und Buße zahlen.

Gewiß könnten auch die Wendepunkte des Sonnenlaufs mitklingen, sofern alle Wechsel – auch die des Jahreslaufs der Sonne – und alle Umkehr etwas Plötzliches an sich haben, wie das in dem griechischen Ausdruck τροπαί gelegen ist. Aber es bleibt doch der Zusammenhang mit dem vorangegangenen Satz bestimmend. Daher muß der Fortgang von dort her verstanden werden: Was geschieht im Entzünden und im Erlöschen? Kahn hat richtig bemerkt, daß im folgenden die Atmosphäre, die Luft, fehlt,[65] das heißt das, was der ionischen kosmischen Weisheit offenbar gerade das Wesentliche war und die Anschauungsgrundlage bot (Thales, Anaximenes). Ebenso scheint er mir recht zu haben, daß hier zum Feuer sein äußerster Gegensatz, das Meer, als sein anderes genannt wird. Zum Himmelsfeuer tritt das Weltenmeer als sein äußerster Gegenspieler.

Das ›immer Lebendige‹ (ἀείζωον, Fr. 30) gehört offenbar mit Entflammen und Verlöschen zusammen. Das muß den Leitfaden der Interpretation bilden. Selbst wenn man alle späteren Unterscheidungen von Feuer und Licht und Wärme fernhält, die sich vielleicht schon dem Unterschied von Sinnlichem und Geistigem nähern und ihn überspielen, wird schon aus obigem Satz klar, daß das Feuer nicht ein sichtbares Element ist, sondern im Gegenteil das gegenüber allem Bestand sich beständig Wandelnde. Das gerade ist seine Lebendigkeit, daß es gleichwohl Eins ist – wie alles Lebendige. Auch das Feuer ist nach Maßen aufflammend und nach Maßen verlöschend – wie etwa auch der Lebensrhythmus von Wachen und Schlaf.

So stellt das Feuer die universale Struktur alles Seins dar. Das erklärt bestens das Fragment 90:[66] »Alles ist austauschbar gegen Feuer und Feuer gegen alles«, heißt es im Vergleich des Feuers mit dem Gold. Und ähnlich wie Fragment 88: »Alles wandelt sich wie Feuer; es schlägt aus wie die Flamme und sinkt zusammen im Verlöschen. Feuer wandelt sich auch, wenn es mit Räucherwerk vermengt wird« (Fr. 67).

Der Ton liegt stets auf dem Einen, das das Wahre und Weise ist, hinter all den vermeintlichen Unterschieden, ob diese nun die Gegensätze und ihre Verwandlung ineinander oder die Relativität und der Umschlag der Aspekte sind. Das Wandelbare selbst ist das Eine. So erklärt sich, meine ich, am leichtesten das kosmologische Zeugnis über die Wandlungen, die τροπαί. Vielleicht heißt das hier nicht ›Wendepunkte‹, sondern wirklich ›Wandlungen‹. Es kommt nicht darauf an, ob das Feuer ist, sondern umgekehrt, daß Feuer allem sich Wandelnden zugrunde liegt – wie die Sonne. Die Einschübe des Clemens verstehen darunter den Logos und Gott![67] So scheint mir der Einsatz der Wandlungen mit dem Meer (πρῶτον θάλασσα) nur verständlich, wenn man darin nicht eine erste Verwandlung des Feuers in Wasser sieht, sondern einfach eine Aussage über den Anfang, wie sie die ionische Kosmologie getroffen hat. Die Erläuterung des Clemens mit σπέρμα τῆς διακοσμήσεως, die er anfügt, ist insofern gar nicht so falsch.

Auch im weiteren Prozeß erscheint das Feuer selbst gerade nicht als eine Phase. Nur wenn man sich dazu entschließt, das Fragment so zu interpretieren, meine ich, vermag erstmals der Fortgang verständlich zu werden. Offenbar ist nur gesagt, daß Feuer zugrunde liegt, und nicht, daß Feuer sich in Erde verwandelt und so zur Hälfte Erde herauskommt oder daß zur Hälfte Feuer zu Wind wird, wenn heißer Wind hochsteigt. Es wird also nicht gesagt, daß das Meer zur Hälfte Erde und zur Hälfte heißer Wind wird, sondern daß mit dem Austrocknen von Land (sozusagen ›zur Hälfte‹) der heiße Wind entsteht. Das ist eine Erfahrung, die wir doch alle kennen. Wenn über dem Land Hitze brütet, bleibt es am Meere kühler. Dazu paßt dann mühelos der überlieferte Fortgang, daß am Ende das Meer wieder alles überflutet, wie es am Anfang da war. Wenn Clemens diese Rückbildung als ἐκπύρωσις deuten will, muß man feststellen, daß davon nichts im Text steht. Der Text sagt nur, daß das Meer am Ende wieder alles überschwemmt. Soll man glauben, daß Clemens wirklich im Text fand, daß am Ende wieder alles Feuer wird? Und das hätte er dann aus Versehen nicht mehr zitiert? Wir trauen dem Wort des Kirchenvaters doch allzusehr, wenn wir hier an eine Lücke im Text glauben, weil Clemens sagt: σαφῶς διὰ τούτων δηλοῖ. Das einzige, was im überlieferten Heraklit-Text nach dieser Richtung weisen könnte, wäre die ἀναθυμίασις, die Aufdünstung. Die Doxographie erzählt uns da phantastische Dinge. Da gibt es helle und dunkle Wolken über Land und Meer. Aus den hellen Wolken füllen sich die Flammenbecken der Gestirne. Der Unterschied von Tag und Nacht, sogar die Sonnenfinsternis soll durch diesen Prozeß erklärbar sein. Das ist alles recht trübe. Offenbar hat die Quelle des Diogenes darin keine klaren Vorstellungen gefunden. Es scheint eher, daß die ἀναθυμίασις für diese mühsamen Konstruktionen das einzige wirkliche Fundament gewesen ist. Jedenfalls hat das nichts mit dem angeblichen Weltenbrand, der ›Ekpyrosis‹, zu tun. Clemens hat offenbar nichts aus dem Texte für seine Deutung heranziehen können – sonst hätte er es getan.

Die Anschauung, die dem ganzen Text zugrunde liegt, ist am ehesten durch des Simplicius' Begriff des δραστικόν (des ›Aktiven‹) beschrieben[68] – eine Art Generalantwort der aristotelischen Physik auf die Ionier. Das erste, was darauf hindeuten kann, ist die ewige Bewegtheit. Sie begegnet sowohl im ruhelosen Feuer wie im ruhelosen Urmeer. Daß von da aus das Entstehen von Land wie ›Tod‹ erscheint, läßt sich verstehen. Dem ruhelosen Leben des Ozeans gegenüber ist das feste Land wie etwas Totes. So scheint mir, daß Heraklit mit seiner Feuerlehre die ionische Kosmogonie gleichsam hinterfragt hat. Nicht Wandlungen des Wassers (Thales) oder der Luft (Anaximenes), sondern Feuers Wandlungen sind es, was diese beschreibt. Das wird sozusagen mit provokatorischer Emphase in diesem überlieferten Text gesagt. Wenn wir nun bedenken, wie θάλασσα in dieser Zeit fast ein Sammelwort für das Flüssige, Fließende, Strömende, Ruhelose ist (ὃ καλεῖ θάλασσαν, sagt Clemens), so schließt sich die ganze Flußlehre ohne Zwang an.

Von hier aus ist nun ein letzter Schritt zu tun. Es ist gewiß eine schwierige Frage, wie sich der kosmische Aspekt der Feuerlehre – mag sie auch noch so metaphorisch verstanden sein – mit den heraklitischen Aussagen über die Seele verknüpft. Auch ist darauf hinzuweisen, daß das Grundzeugnis der Flußlehre von Eusebios allein wegen des Bezuges auf die ψυχή zitiert wird, die αἰσθητικὴ ἀναθυμίασις sei (Fr. 12). Die stoische Interpretation, die die Flußlehre mit der Seelenlehre aufgrund der eigenen Pneumalehre zusammenschließt, scheint eine allzu unsichere Basis. Daher möchte ich vorziehen, auch hier von Texten auszugehen, in denen unmittelbar Beobachtungen zu Wort kommen, die es erlauben, die Feuerlehre Heraklits in einen Sachzusammenhang zu rücken, der in sich selber eindeutig auf ›Psychisches‹ geht. Das war immerhin ein Resultat unserer Skepsis gegen das kosmologische Schema der Doxographie, daß das Feuer für Heraklit weniger die Erfahrungswelt verständlich machen und beschreiben soll, wie etwas aus anderem wird. Es geht vielmehr um das eigentliche Rätsel des Denkens, das im Feuer liegt. Die Entstehung von Feuer wie das Erlöschen von Feuer sind ›ontologisch‹ gleich rätselhaft. Wo kommt es her, wo geht es hin? Mag das Verlöschen noch – in Glut und Asche – sichtbar versinken, aber wo kommt es her? Was ist dieses plötzliche Aufflammen? Ich meine, Heraklit suchte nicht so sehr eine Erklärung dafür, als daß er darin das ganze Geheimnis des ἀείζωον erkannte. Das Feuer als ein Element neben die ›anderen‹ Elemente zu stellen, ist überhaupt ein absurdes Paradox. Es ist die Lebendigkeit selbst, die sich als ruhelose Selbstbewegung manifestiert. Das eigentliche Rätsel des Seins ist nicht, wie sich im Wechsel des Geschehens die gleiche Ordnung des Ganzen erhält, sondern daß dieses Wechselsein selber statthat. Das hat Heraklit als das Eine in allen Gegensätzen erkannt, die Einheit des in Gegensätzen Gespannten. Das bestätigt die unzweideutige Aussage Platons, mit der er die ›gespannten ›ionischen‹ Musen gegen die ›sizilischen‹ abhebt. Das beschreibt zugleich das Baugesetz jener Sätze, die wir aufgrund ihrer Familienähnlichkeit Heraklit zuordnen möchten. Nicht, wie das Eine in das Andere übergeht, sondern daß es auch ohne Übergang das Andere ist, ist die ›eine Weisheit‹ Heraklits. Ohne Übergang, plötzlich wie der Blitz – das rätselhafte ἐξαίφνης in Platons *Parmenides* (156d) kommt einem in den Sinn,[69] das in den eleatischen Antithesen keinen rechten Platz findet, sowie das μεταπεσόντα (Fr. 88).

Der räumliche Ausdruck solcher übergangslosen Andersheit ist das Aneinanderrühren (ἅπτεσθαι) – das Schlüsselwort des tiefsinnigen Fragments 26: »Der Mensch in der Nacht zündet sich ein Licht an, wenn die Augen erloschen sind. Lebend rührt er an den Toten, erwacht rührt er an den Schlafenden.«[70] Der Satz gibt viele Rätsel auf. Daß zwischen den beiden Bedeutungen von ἅπτειν, ›anzünden‹ und ›anrühren‹, eine enge semantische Beziehung besteht, weiß jeder, der einmal die Kerzen am Weihnachtsbaum angezündet hat. Wenn man auch um ein ganz klein wenig mit der anzündenden Kerze danebenhält, zündet es nicht. ›Anzünden‹ heißt ›anrühren‹. Wieweit diese beiden Bedeutungen hier ineinanderspielen, ist freilich die Frage – jedenfalls so sehr, daß von einem Wortspiel gar nicht die Rede sein kann, auch wenn das Medium ἅπτεται im allgemeinen nicht transitiv gebraucht wird.

Die Überlieferung bei Clemens gibt immerhin einen klaren Hinweis. Es geht um die Entsprechung von Schlaf und Tod. Er spricht von der ἀπόστασις τῆς ψυχῆς, die im Tod größer sei als im Schlaf. Geht man hiervon aus, dann versteht man leicht: »Lebend rührt er an den Toten. Erwacht rührt er an den Schlafenden.« Sollte εὕδων (›wenn er schläft‹) etwa von Heraklit für schlechte Rätsellöser als Auflösung beigegeben worden sein? Der Stil der Polaritäten wäre ohne diese Beigabe perfekt und die Lösung – von dem letzten Wort ausgehend – leicht genug. Man versteht. Wachen und Schlaf, Leben und Tod rühren unmittelbar aneinander. Erwachen ist eine μεταβολή, um einen Begriff anzuwenden, den ich noch nicht bei Platon nachweisen kann, auch wenn er im Griechischen umgangssprachlich ganz gebräuchlich ist, z. B. für das Wetter (wie ›Umschlag‹ bei uns). Es gibt da keinen Übergang zwischen Schlafen und Wachen. Entweder ist man ›da‹ oder man ist nicht ›da‹, d. h. bei Bewußtsein. Die Phänomene, die Heraklit hier im Auge hat, sind solche ›totalen‹ Gegensätze, die sich eben durch die Plötzlichkeit des Umschlags vom einen in den anderen als Eines erweisen. Der Wache und der Schlafende sind ein und derselbe, der, der »am Leben ist«. Dabei ist er, wenn er schläft, auf rätselhafte Weise anders, nicht ›da‹, ist wie ein Toter, und wir sagen auch von einem fest Schlafenden, daß er ›wie ein Toter‹ schläft. Es ist etwas Geheimnisvolles in der Plötzlichkeit dieses Umschlags, wenn der Einschlafende mit einem Schlage ›weg‹ ist. Auch für den Beginn des ›Todesschlafs‹ gilt das, wenngleich das ein endgültiger Umschlag ist. Soweit scheint mir der epigrammatisch verkürzte Text nicht nur heraklitisch zu klingen, sondern auch Heraklits würdig zu sein. An etwas, was jeder jederzeit beobachten kann, ohne sich etwas dabei zu denken (ἀπείροισιν ἐοίκασι πειρώμενοι), an Wachsein und Schlaf begreift er das Eine Weise (ἓν τὸ σοφόν) von Tod und Leben.

Was aber will der erste Satz des Fragments sagen (ἄνθρωπος ἅπτεται ...)? Gewiß, daß der Mensch das Feuer »beherrscht« und sich selber Licht macht, ist eine älteste Erfahrung der Menschheit, die im Prometheus-Mythos ihren Niederschlag gefunden hat. Gewiß auch, daß das Anzünden oder Anbrennen etwas Wunderähnliches bleibt. Auch versteht man, das Anzünden der Kerze oder der Öllampe beweist die Selbigkeit des Brennenden und Brennbaren, so daß alles Feuer ist.

Aber ist das alles, eine Entsprechung zwischen dem naturhaften Erlöschen und Sichentzünden mit Schlaf und Wachen, Tod und Leben und der ›Kunst‹ des Feuergebrauchs? Clemens zitiert das Ganze um des Erwachens und Erweckens willen und hat überhaupt vom christlichen Glauben aus die Auferstehung, die christliche Verheißung im Blick. Dafür mußte der offenbar authentisch zitierte Satz des Heraklit etwas umgemodelt werden, so daß der Satz ἄνθρωπος ἐν εὐφρόνῃ φάος ἅπτεται ἑαυτῷ entweder im stoischen Sinne zu verstehen ist oder durch Clemens mit Hilfe des offenbaren Einschubs ἀποθανών in christlichen Bezug gerückt wird. Das erlaubt dem christlichen Autor, in εὐφρόνῃ (der ›Wohlgesinnten‹) nicht nur eine Art semantischer Bezeugung der Teilhabe an φρόνησις (der ›Besinnung‹), sondern geradezu eine Art semantischer Bezeugung des Auferstehungsglaubens zu erkennen.

Aber wie war bei Heraklit selbst der Fortgang, die Analogie von Leben und Tod, Wachen und Schlaf, an den ersten Satz angeschlossen? Daß ›der Mensch‹ sich selber ein Licht in der Nacht anzündet, weist doch auf einen sehr besonderen Gebrauch des Feuers: ›Licht zu machen‹. Das paßt nicht zu der Situation des Schläfers.

Auch scheint es mir abwegig, eine solche allgemeine Aussage über ›den Menschen‹ auf das Traumleben zu beziehen, wie viele Interpreten hier im Hinblick auf das ἀποσβεσθεὶς ὄψεις annehmen. Als ob wir unsere Träume so beherrschten wie das Feuer, das wir anzünden, und dann würde der Nachdruck des »sich selber« (ἑαυτῷ) unverständlich! Zwar setzt Heraklit die Traumwelt und Wahnwelt oft der gemeinsamen Welt des Tages und der Vernunft entgegen. Aber falls der Zusatz ἀποσβεσθεὶς ὄψεις wirklich zu halten ist – und er weist immerhin durch semantischen Kontrast zu ›auslöschen‹ auf das ›Anzünden‹ hin –, muß er eine besondere Pointe haben. Die erloschenen Augen – wenn das wirklich im Satz des Heraklit stand – geben der Nacht notwendig einen metaphorischen Sinn. Die Nacht, in der wir dank dem Licht, das wir uns anzünden, nicht träumen, sondern sehen – das ist, was wir alle tun, wenn ›der Mensch‹ erwacht! Nicht das Träumen, sondern das Aufgehen dieses inneren Lichts, das wir Denken oder Bewußtsein nennen, ist ›des Menschen‹ wirkliche Besonderheit (vgl. etwa Fr. 116[71]). Ob der Zusatz ἀποσβεσθεὶς ὄψεις nun heraklitisch ist oder von einem guten Rater des heraklitischen Rätsels als Auflösungshilfe beigegeben worden ist – er trifft den Sinn.[72]

So empfangen wir von hier eine unerwartete Verstärkung, das Entflammen, die Selbstbewegung und die ›Seele‹ zusammenzudenken. Was auch immer ψυχή im frühen griechischen Denken gewesen sein mag, die Reihe der Aussagen, die bei Heraklit über die ›Seele‹ gemacht werden, zwingt uns, in ψυχή nicht nur das belebende Etwas zu sehen, das mit dem letzten Atemzug entweicht. Die sokratisch-platonischen Anklänge sind unüberhörbar, wenngleich Pythagoras und der aus dem Rad der Geburten rettende Weg der Anamnesis schon dort mitgespielt haben mag.

Geht man davon aus, daß nicht das Licht des Traumes, sondern die Helligkeit, die wir ›Bewußtsein‹ nennen, hier gemeint ist – und sie ist ja wirklich, wie das schlagartige Erwachen aus dem Schlaf, ein ›Zu-sich-Kommen‹ (ἑαυτῷ!). Dann gewinnt der heraklitische Logos erst seine volle Aussagekraft: Das πῦρ φρόνιμον, das da aufflammt, wenn einer ›zu sich‹ kommt (bei manchen Schläfern dauert das eine Weile!), ist nicht Vereinzelung, wenn einer aus der Nacht auftaucht, sondern der Weg zur Teilhabe am gemeinsamen Tage und der gemeinsamen Welt. Sie wird im φρονεῖν und im λόγος erworben und wird freilich auch im Wahn verfehlt.

So schließt sich das Ganze der heraklitischen Lehre an den Tiefsinn dieser Analogien und Proportionen an, in denen Feuer und Seele, Wasser und Tod so eigentümlich verschränkt sind, und doch durchbrechen diese Aussagen zugleich die Schranken dieser Verschränkungen und nehmen dadurch einen appellierenden Charakter an und mahnen zur Einsicht.

Freilich scheinen manche dieser Mahnsätze kaum den morphologischen Kriterien für echten Heraklit-Stil zu entsprechen, von dem ich ausgehe. Aber ob das nicht vielleicht öfters an der trivialisierenden Zitierung liegt? Ich gebe ein Beispiel, an dem sich die Abtragung solcher Trivialisierung in zwei Schritten vorführen läßt. Es ist das Fragment 46: τήν τε οἴησιν ἱερὰν νόσον ἔλεγε καὶ τὴν ὅρασιν ψεύδεσθαι »das Wähnen nannte er Fallsucht und das Sehen trügerisch«. Daß man die Aussage über die οἴησις aus dem erkenntnistheoretischen Zusammenhang, in dem sie hier erscheint, herauslösen muß, ist heute anerkannt. Man muß dem Wort seinen ursprünglichen moralischen Sinn zurückgeben, der nichts mit Platons δόξα zu tun hat.[73] Daß der erkenntnistheoretische Gebrauch des Wortes bei Platon (Phaid. 92a, Phaidr. 244c) nicht der ursprüngliche ist (vgl. Eur., Fr. 643), scheint mir keines Beweises bedürftig. Dagegen legt die pragmatische Bedeutung von οἴομαι ›voraussehen‹ bei Homer nahe, οἴησις als ›Wahn‹, wahnhafte Selbstsicherheit, blinden Optimismus zu verstehen. Von da ergibt sich als das bevorzugte Objekt wahnhafter Selbstsicherheit das eigene Selbst.

So versteht sich οἴησις als Selbsteinschätzung. Will nun Heraklit wirklich den frostigen Scherz mit der Fallsucht machen, wenn er οἴησις mit ihr vergleicht? Gerade wenn man den ›technisch‹ gewordenen Ausdruck für die Epilepsie, die heilige Krankheit zu sein, im Auge behält, sollte man nicht zuviel Gewicht auf das ›Fallen‹ als solches legen. Die ›heilige Krankheit‹ der Fallsucht enthält vielmehr die Konnotation, daß ihr gegenüber fromme Scheu und Schonung des von ihr Heimgesuchten geboten ist. Einen von ihr zu Fall Gebrachten zu berauben oder sonstwie zu schädigen wäre geradezu ein Sakralvergehen.

Nun denke ich, Heraklit will hier etwas Wichtiges sagen. Das Moment von Scheu und Schonung kommt auch der Meinung zu, die alle Menschen von sich selbst haben. Ein Moment des Wahns, der blinden Selbstschonung, liegt in jedem Menschen. Man mag es eine Krankheit nennen. Mit Selbstkritik und Vernunft, mit Hilfe der allen gemeinsamen Vernunft darüber hinwegzukommen würde zu einer richtigeren, gesunden Selbsteinschätzung führen. Immerhin verlangt diese ›Krankheit‹ – soweit sie eine ist – eine gewisse Schonung. Ohne eine (noch so bescheidene) Meinung von sich selber zu haben, kann niemand aushalten. Joseph Conrad hat in *Lord Jim* die Lebenstragödie eines jungen Mannes beschrieben, der schuldhaft diese Meinung von sich selbst ganz eingebüßt hat.

Der paradoxe Satz will gewiß nicht zur Schonung von Illusionen über sich selbst aufrufen. Aber Heraklit sieht die Macht der Illusionen, die ein jeder über sich selbst hat, richtig – so wie er richtig sieht, daß das menschliche Schicksal nicht durch die göttliche Führung eines ›Daimon‹ geprägt wird, sondern durch die eigene Führung des Lebens (›Ethos‹); auch das sagt das Fragment 119: ἦθος ἀνθρώπῳ δαίμων. Sollte nicht beides bei Heraklit gestanden haben, das Unheil des Wahns und das Gebot der Schonung? Es könnte da gestanden haben (Fr. 43 und daran anschließend Fr. 46): ὕβριν χρὴ σβεννύναι μᾶλλον ἢ πυρκαϊήν· τὴν δὲ οἴησιν ἱερὰν νόσον ἔλεγε ...

Vielleicht ist es so. Das, wie so vieles andere, entspräche gewiß dem tiefen Blick des Seelenkenners Heraklit. Es ist unverkennbar, daß sein Denkstil weit mehr der Prägnanz und Schärfe gnomischer Spruchweisheit nahesteht als ionischer Wissenschaft. Die kritische Konfrontation mit dieser, die in der Feuerlehre ihren Ausdruck hat, läßt erstaunliche Aussagen über die ›Psyche‹ und ihren ›Logos‹ zustande kommen. Daß der Logos der Seele »sich selbst vermehrt«,[74] muß – meine ich – mit all den Aussagen zusammengesehen werden, die eine verborgene Einheit hinter dem Gegensätzlichen als das ›Eine Weise‹ auszeichnen. Man darf hier nicht im post-cartesischen Stile die ›substanzielle‹ Unterscheidung des Äußeren und eines Inneren voraussetzen – man muß die schlichteste Beobachtung darin erkennen, daß ψυχή ›Leben‹ ist und daß das Lebendige im Unterschied zu allem Summe ist, das deshalb mehr wird, weil etwas dazugekommen ist, ›sich‹ vermehrt, ›sich‹ entfaltet, ›sich‹ bewegt und am Ende ›sich‹ sucht. Dieses ›sich‹, das in allem ›Umschlag‹ eines und desselben steckt, setzt Heraklit dem milesischen Gegensatzdenken entgegen. Das Sich-Entzünden des Feuers, das Sich-Bewegen des Lebendigen, das Zu-sich-Kommen des Erwachenden und das Sich-Denken des Denkens sind Manifestationen des einen Logos, der immer ist. Das geheimnisvolle ›sich‹ ist es, dem der ganze Tiefsinn Heraklits gilt. In unnachahmlicher Weise hält er da die einzige Mitte, die der Reflexivität des Selbstbewußtseins im neuzeitlichen Denken verlorengegangen ist: ἅπτεται ἑαυτῷ. Ist es anzündend – ›für sich selbst‹? – oder ist es ›von selber‹ entflammend wie das Scheit Holz im Kamin? Das nicht zu wissen, ist das »allein Weise«.

Man versteht von da aus, wie die platonische Frage nach dem Einen und Vielen sich in den ›gespannten‹ Musen Ioniens wiedererkennen konnte. Heraklits Vision schaute, wie es scheint, Lebendigkeit, Bewußtsein und Sein zusammen. – Es war eben diese Aufgabe, das so Getrennte zusammen zu denken, vor die sich Platon gestellt sah. Der *Phaidon* erzählt anschaulich diese Geschichte, die mit dem Naturprinzip der ›Seele‹ anfängt, daß ›Leben‹ doch nicht ohne die Rundung zum Kreislauf sein kann. Deshalb erneuert die Natur in rhythmischer Wiederkehr immer wieder das Leben, so daß kein Tod für es ist. Aber das ist nur ein Aspekt von Leben und Seele. Da ist auch *das* Leben, für das der Tod etwas ist, weil ein Mensch etwas anderes ist als nur ein Glied in der Kette des rhythmisch rollenden Lebens. Das Leben hat Gedächtnis, so daß es mehr wird im ›Erfahren‹, ›sich‹ mehrt im Durchfahren des kreisenden Laufes des Lebens. Das ist die Denkhandlung des *Phaidon*. Sokrates zeigt den Freunden, wie das Prinzip des Lebens und dieses andere Prinzip des ›Denkens‹ und der ›Anamnesis‹ Eines sind und ebenso untrennbar wie das Werden und das Sein. (Anaxagoras wußte das nicht zu vereinigen.)

Die gleiche Einsicht verkörpert der Mythos des *Phaidros* von der Auffahrt der Seele und ihrem Sturz. Hier macht ein wahrer Meister der poetischen Rede und der spekulativen Ironie, zu dem Platon seinen Sokrates stilisiert und inspiriert, seinem jungen Freunde bewußt, der dem rhetorischen Virtuosentum gedankenlos gefolgt war, daß Eros etwas anderes ist als jene Kalkulation von Gewinn und Genuß, die das Redekunststück des Lysias vorstellte. Aber bevor der Strom mythischer Imagination seinen alles mitreißenden Lauf beginnt, schickt Sokrates wie einen Beweis voraus: »Alle Seele ist unsterblich.« Und: »Alles, was Seele ist, bekümmert sich um das Unbeseelte.«[75] Siehe da, plötzlich wird ›Seele‹ zum Prinzip der Selbstbewegung! Die Geschichte, die dann erzählt wird, berichtet, daß dieses Prinzip, das das ganze All durchwaltet und durch das der Himmel seine Ordnung einhält, auch in der Seele des einzelnen seinen Ort hat, und zwar in der Einheit von ›lieben‹ und ›lernen‹. Sofern ›Lernen‹ Erinnerung an das Wahre, ›Anamnesis‹ ist, hat ein jeder am Wahren teil. Das ist offenbar die große Einsicht, auf die Platon hier hinzeigt – das nennt er hier ἀπόδειξις (245c 4). Die Selbstbewegung ist ein wahres Wunder. Während sonst alle Bewegung von etwas bewegt wird und nur so lange in Bewegung ist, wie es bewegt wird, ist das Lebendige, das Seele hat, aus eigenem Antrieb in Bewegung, und ist immer in Bewegung, solange es am Leben ist. Das hat seine eigene Evidenz. Diese Evidenz ist stark genug, daraus nochmals einen Beweis für die Unsterblichkeit der Seele abzuleiten. Die Welt, dieses große Ordnungsgefüge aus astrischen und irdischen Bewegungen, läßt sich mit dem Gedanken von Stillstand überhaupt nicht verbinden. Daraus schließt Sokrates: Also muß das auch immer da sein, was Ursache solcher Selbstbewegung ist, die Seele. Es sieht so aus, als ob Platon hier eine Erwartung erfüllt, die, wie es im *Charmides* (169a) heißt, »nur ein sehr weiser Mann« erfüllen könnte, nämlich zu zeigen, daß es eine δύναμις gibt, die auf sich selbst geht und nicht auf anderes.[76] Er würde sich damit zugleich als der delische Taucher erweisen, der aus den dunklen Tiefen Heraklits etwas Kostbares ans Licht brachte.

Auf diese Weise deutet Platon das Sein des Menschen im großen Rahmen des kosmischen Geschehens, indem er die beiden Aspekte der Selbstbewegung und des ›Logos‹ in mythischen Metaphern vereinigt. Aristoteles suchte diese Vereinigung in seiner Begriffsbildung (κίνησις, νόησις, ἐνέργεια) zu vollziehen,[77] und Hegel, der große Aristoteliker der Neuzeit, folgte ihm. Aber hat nicht auch Heidegger recht, wenn er, hinter die Metaphysik zurückfragend, Heraklit entdeckt, in dem alles noch ineinanderspielt? Hätte er nicht auch Platons Dialektik entdecken können, in der das Spiel dieses Gedankens weitergespielt wird?

Anmerkungen

1 VS 22 A 4. Die Angabe der Fragmentnummer bei Heraklit-Zitaten im Text hält sich an die Zählung von Diels/Kranz, *Die Fragmente der Vorsokratiker* (VS). Doch ist stets I. Bywater (*Heracliti Ephesii Reliquiae*, Oxford 1877) und Charles H. Kahn (*The Art and Thought of Heraclitus*, Cambridge 1979) zu vergleichen.

2 Fr. 64: τὰ δὲ πάντα οἰακίζει κεραυνός.

3 Die Stoiker nannten diese Anpassung συνοικειοῦν.

4 Fr. 125: καὶ ὁ κυκεὼν διίσταται ⟨μὴ⟩ κινούμενος.

5 Platon, Krat. 402a: εἴη τὸν αὐτόν...; und mit offenkundigem Nachdruck Heraklit, Fr. 12: ποταμοῖσι τοῖσιν αὐτοῖσιν ἐμβαίνουσιν ἕτερα καὶ ἕτερα ὕδατα ἐπιρρεῖ ...

6 Theät. 184a 3 f.: καὶ τὸ μέγιστον, οὗ ἕνεκα ὁ λόγος ὥρμηται, ἐπιστήμης πέρι τί ποτ' ἐστίν, ἄσκεπτον γένηται.

7 Z. B. Phaid. 103d f.; Phileb. 29b f.

8 Er sagt (in Phys. 203,24–25 Diels): καὶ δέχεσθαι τὰ ἐναντία πῦρ μένον οὐ πέφυκε. τούτου δὲ αἴτιον τὸ δραστικὸν εἶναι μᾶλλον αὐτὸ καὶ εἴδει ἀναλογεῖν, ἀλλ' οὐχὶ ὕλῃ. Weder der aristotelische Begriff der Hyle noch der empedokleische Begriff des Elements paßt für das ›Tätige‹ (τὸ δραστικόν).

9 Z. B. Phileb. 29c oder Tim. 79d.

10 VS 22 A 1 (DK I 142,31): ... (ὅς) οὔ (φησι) περὶ φύσεως εἶναι τὸ σύγγραμμα, ἀλλὰ περὶ πολιτείας, τὰ δὲ περὶ φύσεως ἐν παραδείγματος εἴδει κεῖσθαι.

11 VS 22 A 1 (DK I 142,18): ἀκριβὲς οἰάκισμα πρὸς στάθμην βίου.

12 So hat Werner Jaeger (*Die Theologie der frühen griechischen Denker*, Stuttgart 1953, S. 121 ff. und die Anmerkung dazu) überzeugend hervorgehoben, daß im Unterschied zu Parmenides das griechische Wort, das Heraklit für ›Denken‹ gebraucht, nicht νοεῖν und νοῦς ist, sondern φρονεῖν und φρόνησις.

13 Kahn, S. 21, tut das inzwischen, wie ich bemerke. Ich stimme ihm ganz zu, daß das nicht bedeutet, daß Heraklit ohne die ionische Kosmologie denkbar wäre. Sie ist gegenwärtig und steht im Blick, aber so, daß die Kritik an der πολυμαθίη sie trifft.

14 So heißt es bei Empedokles (VS 31 B 62): κρινόμενον πῦρ. Wenn das ein ungewöhnlicher Gebrauch von κρίνειν sein sollte, ist es ein Heraklit-Zitat!

15 Bywater zitiert zur Stelle ›Aetna‹, V. 536: quod si quis lapidis

miratur fusile robur, cogitet obscuri verissima dicta libelli, Heracliti, tui, nihil insuperabile ab igni, omnia quo rerum naturae semina iacta.

16 Vgl. Krat. 412d ff. und 413b ff. (βουλόμενοι ἀποπιμπλάναι με) die Reihe: ἥλιος – πῦρ – θερμόν – νοῦς.

17 Vgl. »Zur Überlieferung Heraklits«, vorl. Ausg. S. 23 ff.

18 Fr. 48: τῷ οὖν τόξῳ ὄνομα βίος, ἔργον δὲ θάνατος.

19 Fr. 114: ξὺν νῷ λέγοντας ἰσχυρίζεσθαι χρὴ τῷ ξυνῷ πάντων, ὅκωσπερ νόμῳ πόλις, καὶ πολὺ ἰσχυροτέρως ...

20 EN Θ 1,1155b 4; EE H 1,1235a 25.

21 EN Θ 1,1155b 6: πάντα κατ' ἔριν γίνεσθαι. Vgl. dazu Heraklit, Fr. 80: ... καὶ γινόμενα πάντα κατ' ἔριν καὶ χρεών.

22 Fr. 60: ὁδὸς ἄνω κάτω μία καὶ ὡυτή.

23 Vgl. Bywater, S. 28. Clemens versteht so auch Fr. 31. (Darüber vorl. Ausg. S. 79 ff.)

24 Fr. 101: ἐδιζησάμην ἐμεωυτόν.

25 Fr. 45: Ψυχῆς πείρατα ἰὼν οὐκ ἂν ἐξεύροιο, πᾶσαν ἐπιπορευόμενος ὁδόν· οὕτω βαθὺν λόγον ἔχει.

26 Symp. 221d–222a: Alkibiades vergleicht Sokrates mit einem zu öffnenden Silenstandbild, in dessen Innerem sich Götterbilder befinden.

27 Vgl. ›Hegel und Heraklit‹ in: Hans-Georg Gadamer, *Gesammelte Werke* (im folgenden zit.: GW), Bd. 7, S. 32 f.

28 Fr. 1: τοῦ δὲ λόγου τοῦδ' ἐόντος ἀεὶ ἀξύνετοι γίνονται ἄνθρωποι ...

29 Es scheint mir dagegen nicht möglich, wie vielfach geltend gemacht worden ist, das ›immer‹ nur auf den Logos zu beziehen in dem Sinne des ›Logos, der wahr ist‹ (ἐὼν λόγος). Eine solche Möglichkeit verbietet sich angesichts der Stellung dieses ὄντος hinter dem einheitlich-monolithischen λόγου. Aristoteles tat gut daran, es unentschieden zu lassen, wo nichts zu entscheiden nötigt. Daß er es überhaupt als ein Problem empfindet, scheint für uns den Übergang zur primären Lesehaltung zu illustrieren, die an Interpunktion als Verständnishilfe interessiert ist. In Wahrheit ist die Interpunktion ärmer als die klingende Stimme, die im psalmierenden Vortrag durchaus doppelwendig verstanden werden kann. Ähnlich Kahn, S. 93 f., nur daß ich ὄντος ἀεί nicht als ›for ever true‹ verstehe, sondern als ›ever present‹ (und damit ›true‹) – ›present‹, und doch ›ignored‹. Nicht nur für Heraklit

gilt, was uns Kahn in seiner gründlichen Studie über die Bedeutungen von ›Sein‹ gezeigt hat, aber auch, daß sich *hier nicht* trennen läßt: ›Present‹ und ›true‹, vom λόγος gesagt, sind Eines, auch wenn es immer (ἀεί) verkannt bleibt.

30 Vgl. Fr. 41: εἶναι γὰρ ἓν τὸ σοφόν, ἐπίστασθαι γνώμην, ὁτέη κυβερνᾶται πάντα διὰ πάντων. – Fr. 32: ἓν τὸ σοφὸν μοῦνον λέγεσθαι οὐκ ἐθέλει καὶ ἐθέλει Ζηνὸς ὄνομα.

31 Fr. 50: οὐκ ἐμοῦ, ἀλλὰ τοῦ λόγου ἀκούσαντας ὁμολογεῖν σοφόν ἐστιν ἓν πάντα εἶναι.

32 Vgl. »Sokrates' Frömmigkeit des Nichtwissens«, GW, Bd. 7, S. 85 ff.

33 A. Mourelatos (»Heraclitus, Parmenides, and the Naive Metaphysics of Things«, in: *Exegesis and Argument. Festschrift für Gregory Vlastos*, Assen 1973, S. 38 A 60) möchte bei diesem Text der Trivialität dadurch entgehen, daß er das ὅκως ἔχει als das prägnante ›Zusammenhalten‹ versteht, das tatsächlich Heraklits Weisheit ist. In meinen Augen spricht dagegen, daß wir es hier mit dem ersten Satz des Buches zu tun haben. Diese Ankündigung ist noch nicht die Lehre. Als Ankündigung von etwas, was in Wahrheit in ganz anderem Sinne Erfüllung findet, scheint mir dagegen die Konventionalität dieser Sätze höchst paradox. Das werde ich zu zeigen versuchen.

34 Vgl. zu dieser Parmenides-Stelle meine Studie in GW, Bd. 7, S. 24 f.

35 Fr. 1: τοὺς ... ἀνθρώπους λανθάνει ὁκόσα ἐγερθέντες ποιοῦσιν ὅκωσπερ ὁκόσα εὕδοντες ἐπιλανθάνονται.

36 Karl Reinhardts (*Kosmos und Sympathie*, München 1926, S. 195) von Hölscher akzeptiertes Verständnis des letzten Satzes (Uvo Hölscher, *Anfängliches Fragen. Studien zur frühen griechischen Philosophie*, Göttingen 1968, S. 157) kann mich nicht überzeugen. Man erwartet, daß das ἀπείροισιν – πειρώμενοι, das vorangeht, illustriert wird. (So auch Kahn, S. 99.) Der Satz ist in wohlpointierter Symmetrie. Die Feinheit in der Parallele zwischen λανθάνει und ἐπιλανθάνονται liegt in der Variation: Die Menschen leben trotz ihrem Wachsein in permanenter Vergeßlichkeit dahin (λανθάνει), so wie sie ihre Träume (das, was sie im Schlafe taten) nachher (ἐπί) vergessen und unbeachtet lassen (ἐπιλανθάνονται). Die gleiche Variation in der Parallele begegnet Fr. 21, wo man ἐνύπνιον erwartet und ὕπνος, eine ganze

Dauer, findet. – Auch Bollack kann ich hier nicht folgen, weil er die klare Evidenz vernachlässigt, mit der auf das Vergessen von Träumen angespielt wird.

37 Fr. 89: τοῖς ἐγρηγορόσιν ἕνα καὶ κοινὸν κόσμον εἶναι, τῶν δὲ κοιμωμένων ἕκαστον εἰς ἴδιον ἀποστρέφεσθαι.

38 Fr. 75: τοὺς καθεύδοντας ... ἐργάτας εἶναι ... καὶ συνεργοὺς τῶν ἐν τῷ κόσμῳ γινομένων. Hier hat Walter Bröcker (*Die Geschichte der Philosophie vor Sokrates*, Frankfurt a. M. 1965, S. 35 f.) m. E. mit Recht den stoischen Zusatz καὶ συνεργούς aus dem von Marc Aurel zitierten heraklitischen Satz ausgeschieden.

39 Fr. 73: οὐ δεῖ ὥσπερ καθεύδοντας ποιεῖν καὶ λέγειν ...

40 G. S. Kirk, *Heraclitus. The Cosmic Fragments*, Cambridge 1954, S. 44 f.

41 Hermann Fraenkel, *Wege und Formen frühgriechischen Denkens*, München 1955, S. 258 ff.

42 Fr. 21: Θάνατός ἐστιν ὁκόσα ἐγερθέντες ὁρέομεν, ὁκόσα δὲ εὕδοντες ὕπνος.

43 Kahn, S. 213, spürt wohl die Asymmetrie in der heraklitischen Sentenz, sucht sie aber meines Erachtens an der falschen Stelle.

44 Kahn, S. 231 ff.

45 Fr. 20: γενόμενοι ζώειν ἐθέλουσι μόρους τ' ἔχειν, μᾶλλον δὲ ἀναπαύεσθαι, καὶ παῖδας καταλείπουσι μόρους γενέσθαι.

46 Zur Tilgung des μᾶλλον ἀναπαύεσθαι vgl. Karl Reinhardt, in: *Hermes* 1942, S. 4.

47 EE H 1, 1235a 25, EN Θ 1, 1155b 4. Siehe vorl. Ausg. S. 51 f.

48 Das zeigt deutlich Met. Γ 3,1005b 23 ff.: ἀδύνατον γὰρ ὁντινοῦν ταὐτὸν ὑπολαμβάνειν εἶναι καὶ μὴ εἶναι, καθάπερ τινὲς οἴονται λέγειν Ἡράκλειτον. Sowie Γ 7,1012a 24 ff.: ἔοικε δ' ὁ μὲν Ἡρακλείτου λόγος, λέγων πάντα εἶναι καὶ μὴ εἶναι, ἅπαντα ἀληθῆ ποιεῖν.

49 Fr. 10 (= Ps.-Arist., De mundo 5,396b 20 f.): συνάψιες (oder συλλάψιες) ὅλα καὶ οὐχ ὅλα, συμφερόμενον διαφερόμενον, συνᾷδον διᾷδον· καὶ ἐκ πάντων ἓν καὶ ἐξ ἑνὸς πάντα.

50 Fr. 51: οὐ ξυνιᾶσιν ὅκως διαφερόμενον ἑωυτῷ συμφέρεται· παλίντονος ἁρμονίη ὅκωσπερ τόξου καὶ λύρης.

51 Fr. 67: ὁ θεὸς ἡμέρη εὐφρόνη, χειμὼν θέρος, πόλεμος εἰρήνη, κόρος λιμός ... »Der Gott ist Tag und Nacht, Winter und Sommer, Krieg und Frieden, Sättigung und Hunger«.

52 Fr. 62: ἀθάνατοι θνητοί, θνητοὶ ἀθάνατοι, ζῶντες τὸν

ἐκείνων θάνατον, τὸν δὲ ἐκείνων βίον τεθνεῶτες. Zur Deutung vgl. vorl. Ausg. S. 73.

53 Fr. 67: (Forts.): ... ἀλλοιοῦται δὲ ὅκωσπερ πῦρ, ὁπόταν συμμιγῇ θυώμασιν, ὀνομάζεται καθ' ἡδονὴν ἑκάστου.

54 Fr. 88: ταὐτό τ' ἔνι ζῶν καὶ τεθνηκὸς καὶ ἐγρηγορὸς καὶ καθεῦδον καὶ νέον καὶ γηραιόν· τάδε γὰρ μεταπεσόντα ἐκεῖνά ἐστι κἀκεῖνα πάλιν μεταπεσόντα ταῦτα.

55 Vgl. dazu auch meine Studie über die Unsterblichkeitsbeweise in Platons *Phaidon*, GW, Bd. 6, S. 187–200.

56 Vgl. Martin Heidegger / Eugen Fink, *Heraklit*, Frankfurt a. M. 1970, S. 158 f.

57 Enn. IV 8 [6] 1,15–16.

58 Fr. 27: ἀνθρώπους μένει ἀποθανόντας ἅσσα οὐκ ἔλπονται οὐδὲ δοκέουσιν.

59 Fr. 18: ἐὰν μὴ ἔλπηται, ἀνέλπιστον οὐκ ἐξευρήσει.

60 Fr. 53: Πόλεμος πάντων μὲν πατήρ ἐστι, πάντων δὲ βασιλεύς, καὶ τοὺς μὲν θεοὺς ἔδειξε τοὺς δὲ ἀνθρώπους, τοὺς μὲν δούλους ἐποίησε τοὺς δὲ ἐλευθέρους.

61 Fr. 80: εἰδέναι δὲ χρὴ τὸν πόλεμον ἐόντα ξυνόν, καὶ δίκην ἔριν ...

62 Kahn, S. 205 f., hat sehr schön gezeigt, wie Heraklit die homerische und archilochische Aussage über den Krieg überbietet. Er hört auch richtig den Anklang an den Einleitungssatz des Ganzen heraus. Dagegen sehe ich den Anklang an den uns nur zufällig bekannten Satz des Anaximander nicht. Dort kommt ja nicht, wie bei Anaximander, Dike als Strafgewalt vor, sondern wie der Streit als das Gemeinsame (ξυνόν) ins Spiel. Das ist das, was die Ahnungslosen (ἀπείροισιν) immer wieder verkennen.

63 Fr. 30: κόσμον τόνδε, τὸν αὐτὸν ἁπάντων, οὔτε τις θεῶν οὔτε ἀνθρώπων ἐποίησεν, ἀλλ' ἦν ἀεὶ καὶ ἔστιν καὶ ἔσται πῦρ ἀείζωον, ἁπτόμενον μέτρα καὶ ἀποσβεννύμενον μέτρα.

64 Fr. 31: πυρὸς τροπαὶ πρῶτον θάλασσα, θαλάσσης δὲ τὸ μὲν ἥμισυ γῆ, τὸ δὲ ἥμισυ πρηστήρ ...

65 Kahn, S. 139 ff.

66 Fr. 90: πυρός τε ἀνταμοιβὴ τὰ πάντα καὶ πῦρ ἁπάντων ὅκωσπερ χρυσοῦ χρήματα καὶ χρημάτων χρυσός.

67 Clem., Strom. V, 14,104,4: δυνάμει γὰρ λέγει, ὅτι ⟨τὸ⟩ πῦρ ὑπὸ τοῦ διοικοῦντος λόγου καὶ θεοῦ τὰ σύμπαντα δι' ἀέρος τρέπεται εἰς ὑγρὸν τὸ ὡς σπέρμα τῆς διακοσμήσεως, ὃ καλεῖ θά-

λασσαν, ἐκ δὲ τούτου αὖθις γίνεται γῆ καὶ οὐρανὸς καὶ τὰ ἐμπεριεχόμενα. ὅπως δὲ πάλιν ἀναλαμβάνεται καὶ ἐκπυροῦται, σαφῶς διὰ τούτων δηλοῖ ...

68 Siehe vorl. Ausg. S. 95, Anm. 8.

69 Vgl. dazu »Der platonische ›Parmenides‹ und seine Nachwirkung« in GW, Bd. 7, S. 322 ff.

70 Fr. 26: ἄνθρωπος ἐν εὐφρόνῃ φάος ἅπτεται ἑαυτῷ [ἀποθανών] ἀποσβεσθεὶς ὄψεις· ζῶν δὲ ἅπτεται τεθνεῶτος εὕδων [ἀποσβεσθεὶς ὄψεις], ἐγρηγορὼς ἅπτεται εὕδοντος.

71 Fr. 116: ἀνθρώποισι πᾶσι μέτεστι γινώσκειν ἑωυτοὺς καὶ σωφρονεῖν.

72 Hölscher (*Anfängliches Fragen*, S. 156–160) blickt der Sache nach in die gleiche Richtung, nimmt mir aber diese ›Physik der Seele‹ noch immer zu wörtlich – und auch wieder nicht wörtlich genug, wenn er von ἅπτειν den wörtlichen Sinn von ›anrühren‹ ganz ausscheidet, der in dem einleitenden Satz unentbehrlich ist.

73 So begegnet in Fragment 131 das Wort in dem hier zu erwartenden Verständnis: (ἔλεγε τὴν) οἴησιν προκοπῆς ἐγκοπήν – echtester Gnomenstil übrigens. Auch sonst ist es als ›alt‹ bezeugt: Joh. Damasc., Sacra par. 693e (vgl. Rodolfo Mondolfo / Leonardo Tarán, *Eraclito. Testimonianze e Imitazioni*, Florenz 1972, S. 221 f.), etwa auch bei Euripides, Fr. 270: δόκησις, ähnlich wie Heraklit, Fr. 17: δοκέουσι. Natürlich belegt das nicht den Wortgebrauch von οἴησις (und Corp. Hipp. IX,230 Littré ist auch kein wirkliches Zeugnis).

74 Fr. 115: ψυχῆς ἐστι λόγος ἑαυτὸν αὔξων.

75 Phaidr. 245c 5: ψυχὴ πᾶσα ἀθάνατος. 246b 6: ψυχὴ πᾶσα παντὸς ἐπιμελεῖται τοῦ ἀψύχου.

76 Vgl. dazu meine Studie »Vorgestalten der Reflexion« in GW, Bd. 6, S. 116–128.

77 Dafür bezieht auch er sich auf Heraklit: De an. A 2,405a 25–28: τὸ δὲ κινούμενον κινουμένῳ γινώσκεσθαι. Aber auch in 405a 5 ist Heraklit mitgemeint (τισι πῦρ).

Antike Atomtheorie

Das Verhältnis der naturwissenschaftlichen Forschung zu ihrer Geschichte war in der Zeit des ungehemmten Siegeszuges der modernen naturwissenschaftlichen Aufklärung ein eigenartig gleichgültiges. Sie sah ihre eigene Geschichte nur unter der Leitidee des Fortschritts der Forschung. Das heißt aber: der je gegenwärtige Stand der Forschung enthält in sich all das, was in der Geschichte dieser Wissenschaft je an positiver Erkenntnis erworben worden ist. Ein der Geschichte angehörender Stand der Forschung kann daher nur aus einem nachgeordneten Interesse wissenschaftsgeschichtlicher Interessen überhaupt Beachtung verdienen. Es blieb für die Naturwissenschaft selbst ein ihrer eigenen Idee nach gleichgültiges Unternehmen, das naturwissenschaftliche Weltbild einer früheren Zeit zu untersuchen, die diese und jene Erkenntnisse noch nicht hatte und daher in inzwischen überwundenen Irrtümern befangen blieb. Zwar konnte es geschehen, daß die wissenschaftsgeschichtliche Forschung gelegentlich einmal der gegenwärtigen Forschung einen fördernden Anstoß gab, sofern sie Probleme, die eine vergangene Epoche der Forschung beschäftigt hatten, aufs neue in ein für die Gegenwart interessantes Licht rückte. Aber solche Fälle waren nicht nur tatsächlich äußerst selten, sondern sie konnten vor allem keinen wirklichen Antrieb für das geschichtliche Forschungsinteresse darstellen, weil der Idee nach der gegenwärtige Stand der Wissenschaft alle Probleme aufbewahrte, die ihre Gegenstände ihr je gestellt hatten. Es war nur eine zufällige Vergeßlichkeit der Wissenschaft gegen ihre eigene Aufgabe, wenn ihr einmal die historische Nacharbeit eine solche Aufgabe erst wiedergab.

Nun hat ohne Zweifel die Begrenzung der klassischen Mechanik durch die Entdeckungen der neuesten Physik eine gewisse Auflockerung dieser Sachlage herbeigeführt. Die Notwendigkeit, scheinbar sichere Grundlagen der klassischen Naturwissenschaft im Bereich der Atomphysik und der kosmischen Physik preiszugeben, begünstigt die Möglichkeit, die Entstehung dieser klassischen Wissenschaft noch unter andere Gesichtspunkte zu stellen als den des erreichten Fortschritts, d. h. aber, sie begünstigt die grundsätzliche Möglichkeit, auch in der modernen Naturwissenschaft eine geschichtlich bestimmte Erscheinung zu sehen, deren geistige und weltanschauliche Bedeutung durch den reinen Erkenntnisgewinn nicht voll bestimmt ist.

Die Forschung selbst, die einer geschichtlichen Betrachtung der klassischen Naturwissenschaft dergestalt zu Hilfe zu kommen scheint, ist indessen weit davon entfernt, solche Folgerungen für ihren eigenen Sinn zu ziehen. Sie sieht vielmehr in ihrer neuen Leistung eine selbstverständliche Betätigung ihres Lebensgesetzes, im wissenschaftlichen Fortschritt Irrtümer zu überwinden und nur die Wahrheiten aufzubewahren. So erkennt sie der klassischen Mechanik im Bereich ihrer eigenen Grenzen die alte, unangefochtene Geltung zu und glaubt mit der Preisgabe des euklidischen Raumes und des Gedankens einer restlosen kausalen Determination sowie mit dem Erweis der Unmöglichkeit eines anschaulichen Atommodells nicht so sehr die Newtonsche Wissenschaft, als deren *Ausdeutung durch den philosophischen*

Apriorismus der Anschauung widerlegt zu haben. In der Tat bestätigt sich die Folgerichtigkeit dieser positivistischen Selbstdeutung durch die Folgerichtigkeit des Fortschritts der Forschung von der klassischen Mechanik zu der neuen Physik. Es hieße die Sachlage verkennen, wenn man etwa in dieser Fortentwicklung der Naturwissenschaft selber einen bloßen Irrweg sähe. Gerade darin liegt die Bedeutung dieser revolutionären Entwicklung der neuesten Physik, daß sie das Gesetz ihres Lebens offenbar macht und damit das philosophische Bewußtsein zwingt, die Frage nach dem ontologischen Sinn dieser Erkenntnis der Natur, ihrer geistigen Voraussetzungen und ihres Anspruchs, in ihrem ganzen Gewicht auf sich zu nehmen. In der grundsätzlichen Preisgabe der Anschaulichkeit, die zwar nicht für die Praxis der physikalischen Einzelforschung, aber für die theoretische Deutung ihrer Gesamtergebnisse unvermeidlich geworden zu sein schien, vollendet sich eine Mathematisierung der Natur, deren Ursprünge in den Jahrhunderten liegen, in denen sich die moderne Naturwissenschaft zu dem die moderne Kultur wesentlich bestimmenden Faktor ausgebildet hat.

So ist es freilich auch jetzt nicht das Interesse der Naturforschung selbst, das an ihrer Geschichte Interesse zu nehmen veranlaßte. Die Forschung als solche würde sich von der Anschaulichkeit des durch sie erforschten Bereichs des astrischen und des Atomgeschehens ohne Skrupel lösen, wenn sie damit nicht zu dem Eingeständnis gedrängt wäre, daß diese neue Erkenntnis in keiner Weise mehr das natürliche Weltbild der Anschauung umzugestalten vermag. Auch die Newtonsche Wissenschaft hatte zwar weite Bereiche des Naturgeschehens preisgeben müssen, die einem wesentlich beschreibenden Verfahren der Naturbetrachtung vorbehalten blieben, weil sie die Möglichkeiten mechanisch-kausaler Erklärung überstiegen. Aber sie bedeutete doch eine wirkliche Umbildung des natürlichen Weltbildes unter die kausalmechanische Anschauungsform, die im Dasein der Technik ihren lebensmächtigen Ausdruck gewann. Ihr geistiger Sinn und ihre Bedeutung für das Lebensganze der Menschheit waren jeder Gegenwart von selbst verständlich. Die neue Wendung dagegen führt zu begrifflichen Konsequenzen, die diesen selbstverständlichen Zusammenhang zerreißen. Ihn neu herzustellen wird etwa einer ›empirischen Philosophie‹[1] schwerlich zustehen oder gelingen. So ist es kein Zufall, daß ein geschichtliches Interesse für ihre eigene Herkunft aufkommt, das in den Zusammenhang ihrer eigenen Sinngebung gehört und die Lebensgrundlage ihrer selbst als Wissenschaft berührt. Niemand wird heute sagen können, ob diese Aufgabe ihrer Sinngebung nicht auch die Fortschrittsrichtung der Forschung selbst einmal mitbestimmen wird.

Die Anfänge der modernen Naturwissenschaft sind bekanntlich durch eine produktive Aufnahme und Weiterbildung antiker Gedanken bestimmt, durch die die Grundlagen des herrschenden aristotelisch-mittelalterlichen Naturbildes zerstört wurden. Unter diesen antiken Gedanken nimmt der *Atomgedanke* eine besonders hervorragende Stelle ein. In seiner Wiedererweckung verbanden sich das Interesse der angehenden Forschung und die kritische Auseinandersetzung mit der christlichen Weltanschauung und der Wissenschaft der ›Schule‹. Die Hauptquelle der antiken Atomistik, das Lehrgedicht des Lukrez von der Natur der Dinge, das um seines

Atheismus willen verketzert war, gehörte zu den wirkungsmächtigsten Büchern dieser Zeit. Wir besitzen eine gründliche und weitsichtige Darstellung der Bedeutung der antiken Atomistik für die Entstehung der modernen Naturwissenschaft in dem großen Werk von Kurd Lasswitz, *Geschichte der Atomistik*.[2] In dieser Darstellung fehlt aber eine Darstellung und Würdigung der antiken Atomistik selbst, und nicht aus zufälligen Gründen. Die Philosophie der modernen Naturwissenschaft, die den systematischen Leitfaden von Lasswitz' geschichtlicher Forschung hergab, setzte derselben auch eine zeitliche Grenze. Die Naturphilosophie der Antike wird von ihm nur soweit dargestellt, als sie für die beginnende Neuzeit und wie sie für diese wirksam ist. Darin bewährt sich der historische Takt dieses philosophischen Geschichtsschreibers der Atomistik, daß er sich innerhalb der Grenzen hält, die ihm durch die Leitidee eines Fortschritts in den begrifflichen Denkmitteln naturwissenschaftlicher Forschung gesetzt waren.

In der Tat ist das Bild, das die neuere historische Forschung von der antiken Atomistik gibt, in der lehrreichsten Weise durch die unbestrittene Geltung des Wissenschaftsideals der modernen Naturwissenschaft bestimmt. Das drückt sich in einer merkwürdigen Unsicherheit über ihren geschichtlichen Wert aus, die wiederum zu einer entsprechenden Unsicherheit über die wirkliche Lehre der antiken Atomistik führt. Bekanntlich besitzen wir keine originale Gesamtdarstellung der antiken Atomistik aus ihrer eigentlichen wissenschaftlichen Blütezeit (dem 5. bis 4. Jh. v. Chr.), sondern erst aus der wissenschaftsmüden Zeit des hellenistischen Epikureismus. Die Gegenmächte des antiken Atomismus, die in der Naturphilosophie des Aristoteles zum Siege gekommen waren, bestimmen nun so sehr die eigene Lehre der epikureischen Naturphilosophie, daß sie ihr Bild der ursprünglichen Atomistik Demokrits und Leukipps in wesentlichen Punkten verzerren.[3] So können wir in ihr nur eine, und nicht einmal eine besonders ausgezeichnete Quelle zur Rekonstruktion der ursprünglichen Atomistik erkennen. Zuverlässiger als diese gebrochene Anhängerschaft gilt uns daher die offene Gegnerschaft des Aristoteles und seiner spätantiken Erklärer. Aber gerade hier war der historische Blick durch die Tatsache voreingenommen, daß dieser antike Gegner der Atomistik zugleich der große überwundene Gegner der beginnenden modernen Naturforschung gewesen ist. So hat die historische Forschung im Abstoß von dieser gemeinsamen Gegnerschaft gegen Aristoteles die antike Atomistik mit der modernen Naturwissenschaft in eine Linie gerückt und neigte deshalb vielfach dazu, aus den spärlichen Berichten der Alten ein System der Naturerklärung zu rekonstruieren, das die Grundprinzipien der modernen Naturforschung bereits enthielt.

Daraus erwuchs der historischen Betrachtung die umgekehrte Frage, warum diese zukunftsvolle Haltung der antiken Naturforschung der aristotelischen Philosophie durch zwei Jahrtausende unterlegen geblieben ist. Und wenn man sich nicht der ausweichenden Ausflucht bedienen mochte, daß der antike Geist zu müde geworden sei, um aus diesem Ansatz der antiken Atomistik selber die moderne Naturwissenschaft zu entwickeln, mußte man nach inneren Mängeln dieses Ansatzes suchen. Das geschah aber wieder in der Weise, daß man die antike Atomistik am Maßstab der Fortschritte bemaß, die die

Neuzeit von der anscheinend gleichen Grundlage aus genommen hat. So hat man in Mängeln ihrer Durchführung, etwa in dem Fehlen einer Mechanik des Stoßes, die geschichtliche Unmöglichkeit einer fruchtbaren Weiterentwicklung der antiken Atomistik gesehen. Oder aber man hat sich der Autorität des Aristoteles so weit anvertraut, daß man seiner Physik, bei dem damaligen Stande der Naturerkenntnis, vor der atomistischen den sachlichen Vorzug zuerkannte, da diese, erst von dem entwickelten Stande der mathematisch-physikalischen Methoden der Neuzeit aus, Zukunft bekommen konnte.

So schwankt die Schätzung der antiken Atomistik zwischen den äußersten Gegensätzen einer rückhaltlosen Bewunderung ihrer vorausschauenden Modernität und der überzeugten Abwertung ihres wissenschaftlichen und philosophischen Gewichts. Dieser Wertungsschwankung entsprach die Auffassung und Rekonstruktion der Lehre selbst. Man wird vermuten dürfen, daß beide Gegensätze die wahre Sachlage nicht treffen. Man wird aber eine wirkliche Schlichtung dieser Streitfrage nur von einem neuen Boden aus finden können, der das gemeinsame Maß, nach dem bisher gemessen wurde, durch ein anderes ersetzt. Dies gemeinsame Maß aber ist die Idee der modernen Naturwissenschaft, vor der diese Atomistik sei es besteht, sei es versagt. Wenn man sie so ausbaut, daß sie besteht, dann ist die Philosophie des Aristoteles eine scholastische Verirrung; wenn man sie auf dem Stande ihrer tatsächlichen Naturerkenntnis beläßt, so daß sie versagt, dann ist die Philosophie des Aristoteles der freilich überwundene, aber relativ überlegene Standpunkt, den der Machtspruch des geschichtlichen Erfolges bestätigt. In dem Augenblick nun, in dem man auf die historische

Einmaligkeit und die geistigen Voraussetzungen der mathematischen Naturwissenschaften der Neuzeit den Blick zu richten bereit wird, wird man sich auch dem von ihnen dargebotenen Maßstab zur Bewertung der antiken Atomistik entziehen müssen und sich ein Bild von jener antiken ›Naturwissenschaft‹ von dem aus machen, was sie im Ganzen der griechischen Natur*philosophie* und als ein Ganzes der Natur- und Daseinsdeutung war.

Die antike Atomistik ist keine Forschungshypothese einer mathematisch-physikalischen Wissenschaft, die sich an ihrer Leistung der exakten Erklärung der Erfahrungswirklichkeit ausweisen müßte und die nur soweit Geltung beanspruchte, als sie für diese Erklärung und Deutung der experimentellen Daten unentbehrlich wäre. Sie ist vielmehr ein Grundentwurf der wahren Wirklichkeit, wie er aus der philosophischen Frage nach dem Sein der Wirklichkeit erwächst.[4] So gehört sie in den Zusammenhang der Frühzeit der griechischen Philosophie, die den Gedanken der *Natur* zu denken sucht. Das mythologische Weltbild, das das Geschehen in der Natur und die Schicksale der Menschen aus dem Ratschluß und dem tatkräftigen Eingriff waltender Götter verstand, ist mit dem ersten Denken dieses Geschehens verblaßt. Es ist höchst bezeichnend, daß man dem Thales, den man für den ersten Philosophen hielt, das Wort zuschrieb: »Alles ist voll von Göttern«, d. h.: In der Natur selbst liegen die Kräfte, die ihr Geschehen und das Dasein des Menschen in der Natur bestimmen. Es war nur ein folgerichtiges Zuendedenken dieses Naturgedankens, wenn der demokritische Atomismus dieses Wort (wie es scheint) in die Formel eines ›furchtbaren Atheismus‹ umdeutete und alles voll von jener letzten unsichtbaren

Wirklichkeit schwärmender Atome erklärte.[5] Von Thales bis Demokrit suchen die ›Weisen‹ die Antwort auf die Frage, was die Natur ist: Was ist das Bleibende in diesem unaufhörlichen Fluß des Geschehens und Vergehens, das ihm Regel und Ordnung und verläßliche Wiederkehr verleiht? Keine der Antworten, die die ›Physiker‹ auf diese Frage gaben, ist eine ›physikalische‹ These im Sinne der neuzeitlichen Naturwissenschaft. Wenn sie einen oder mehrere Stoffe annahmen, in ihnen oder außerhalb ihrer wirkende Kräfte, die aus ihnen die Gestalten der Welt formen, so leitete sie dabei stets eine Anschauung vom wahren Wesen der Wirklichkeit, und sie bedienten sich der ›naturwissenschaftlichen‹ Erkenntnis, von der sie ausgingen, in eigentümlich freiem analogischem Verallgemeinern. Das muß für die Frage nach Wesen und Absicht des Atomismus beachtet werden. Zwar besteht ein gewaltiger Unterschied zwischen jenen ältesten Stofftheorien, die in der Verdichtung und Verdünnung eines Urstoffes die Vielheit der Erscheinungen gedeutet fanden, und der ›wissenschaftlichen‹ Theorie des Atomismus, die die Phänomene der Verdichtung und Verdünnung erst eigentlich erklärlich machte. Und doch wird zu zeigen sein, daß auch der Atomismus von einer ursprünglichen Gesamtdeutung des Seins geleitet war und nicht von dem bloßen Bestreben, jene halbmythischen Stofflehren der jonischen Philosophen durch eine rationale Erklärung zu befestigen.

Freilich, was dem antiken Atomismus innerhalb der griechischen Naturspekulation seinen besonderen Vorzug zu geben scheint, ist die Radikalität, mit der er die ganze Welt der Qualitäten auf die bloße Form und Bewegung der Atome zurückführt. Daß diese Theorie wie eine ahnende Vorwegnahme der kinetischen Gastheorie aussieht, wird sie dem heutigen Naturforscher stets interessant machen. Aber auch der Historiker wird in ihr den Gipfel und die Vollendung der griechischen Aufklärung sehen, weil sie an Einfachheit und Rationalität alle anderen zeitgenössischen Korpuskulartheorien weit übertrifft. Obwohl gewiß bei der Elementenlehre des Empedokles – insbesondere seiner Erklärung der Sinneswahrnehmung durch ›Poren‹ und ›Abflüsse‹ – und bei dem qualitativen Atomismus des Anaxagoras die Nähe zum atomistischen Weltbild zu erkennen ist,[6] so lassen sie doch gerade die eisige Konsequenz vermissen, mit der die Atomistik alle qualitativen Differenzen aus den primären Wirklichkeiten des Seins und alle geistigen Kräfte aus dem Begriff der Naturordnung ausschaltet. So sind die Weltbilder eines Empedokles oder Anaxagoras weniger eine vermittelnde Vorstufe zur Atomtheorie Leukipps und Demokrits, als vielmehr trübere Spielarten des aufklärerischen Willens der Zeit. Sie lassen durch ihre Nachbarschaft die Kühnheit der atomistischen Theorie nur größer erscheinen, mit der diese alle Formen des Naturgeschehens: Entstehen und Vergehen der Wesen, Wachsen und Schwinden, qualitatives Anderswerden und Ortsbewegung, aus einer einzigen Grundannahme zu erklären unternahm.[7] Blickt man auf diese Rationalität der antiken Atomistik, so möchte man in der Tat der neuzeitlichen Naturwissenschaft das Recht bestätigen, sich auf diese Vorläuferschaft zu berufen. Aber man wird sich fragen müssen, ob hier nicht das Lebensgesetz des griechischen Weltdenkens verletzt wurde und ein Fremdes, wenn auch ferner Zukunft Volles das Ende des griechischen Daseinsverständnisses vorverkündigt.

Die folgenden Darlegungen wollen zeigen, daß das in der Tat so ist und daß eben darin der Grund für die Niederlage dieser antiken Atomistik gelegen ist. Die Deutung der Welt aus einer atomistischen Mechanik tritt mit der auch in ihr wirksamen spezifisch griechischen Auffassung der Ordnung der Natur in eine innere Spannung, die sie lähmt und in die Nähe der Skepsis führt. Erst die Entfremdung von den Voraussetzungen der griechischen Ontologie in der beginnenden Neuzeit öffnet dem Atomgedanken seinen Siegeslauf in der *mathematischen* Naturwissenschaft.

Der entscheidende Schritt, den Leukipp und Demokrit getan haben, ist ein radikaler Bruch mit der natürlichen Anschauung und dem philosophischen Begriff vom Körper: die Annahme des Leeren als eines inneren Aufbaumoments der Körperwelt. Leeren Raum außerhalb der gesamten Körperwelt anzunehmen, ist offenbar etwas sehr Natürliches, und ebenso natürlich und anschauungsnahe ist es (wenn auch die Philosophen diese Anschauung nicht haben denken können), daß, wo ein Körper seinen Platz verändert, leerer Raum sein muß, als Platz für ein Sichbewegen. Keineswegs natürlich aber und obendrein aller bisherigen philosophischen Auffassung des körperlichen Seins widersprechend, war die demokritische Theorie, die das Körperliche selbst als eine von leerem Raum durchsetzte Häufung unteilbarer Teilchen auffaßte. Zwar konnte diese Annahme des Leeren die Phänomene wirklich verständlich machen: Ortsbewegung, Verdichtung und Verdünnung, Wachsen usw. Aber wie das Leere etwas Seiendes sein kann, und gar etwas, das zum Sein der körperlichen Dinge stets und notwendig gehört, das war mit den Mitteln des griechischen Seinsbegriffes schwer auszudenken, der sich in der Philosophie des Parmenides formuliert hatte. Die Geschichte der neueren Naturwissenschaft bestätigt es, daß es Widerstände, die im Substanzbegriff der griechischen Ontologie wurzelten, waren, welche der Anerkennung des Vakuums entgegenstanden. Erst die Herstellung des makroskopischen Vakuums durch das Experiment des Torricelli öffnete hier den Weg, den die antiken Einwände gegen die Existenz des Vakuums versperrt hielten oder nur zögernd und nur für mikroskopische Vakua einzuschlagen erlaubt hatten (z. B. durch Galilei in seinen Discorsi).

In der Tat, die atomistische These, daß das Leere so gut existiert wie das Volle, ist in ihrer ontologischen Konsequenz bis heute noch nicht zu Ende gedacht. Die Seinsweise eines mathematischen Entwurfs, wie ihn der leere Raum darstellt, ist auch in der neueren Philosophie der Natur ein unaufgelichtetes ontologisches Problem, so unbefangen auch die mathematische Physik mit dem Sein des *spatium absolutum* zu rechnen gewohnt war, bevor sie im Zuge der neuesten Forschung zur Aufstellung ontologisch gänzlich schwebender Grundgegebenheiten mathematischer Natur genötigt worden ist.

Welches sind nun die Grundannahmen, auf denen sich das Weltbild der antiken Atomistik aufbaute? Die Antwort auf diese Frage zeigt aufs deutlichste, wie sehr die antike Atomistik von der Ontologie bestimmt blieb, die sich im Substanzgedanken ausprägte. Mit ihrer Annahme des Leeren stößt sie nicht in die Dimension mathematischer Abstraktion vor, sondern sie unterbaut die Wirklichkeit der sinnlichen Erfahrung durch eine wahre Welt von Dingen und Vorgängen, die eine eigene, wenngleich unserer Beobachtung entzogene Anschaulichkeit besitzen. Wie alle griechischen Naturphilosophen vor Aristoteles haben die Atomistiker ihr Weltbild in der Form der Weltentstehung (Kosmogonie) dargestellt.[3]

Der Anfang der Weltbildung enthält keinerlei Aussage über die bewegende Kraft, die sie herbeiführt. Es gibt im All Leeres und Volles. Dies All ist grenzenlos nach Raum und Zeit. Weltbildung geschieht, wenn viele vielgestaltige Körperchen sich aus dem Unendlichen, gleichsam dem grenzenlosen Vorrat alles Weltenwerdens, abscheiden und in die große Leere hineinbewegen. Wenn sie zusammenstoßen und sich ballen, erzeugen sie einen schütternden Wirbel, der, wie in einer Worfel, Gleiches zu Gleichem zusammenführt, die größeren Haufen, die sich geballt haben, nach der Mitte zu sinken läßt, von wo sie die leichten feinen Atome vertreiben, die in die große Leere zerstieben, bis sich eine Kugel bildet, die eine Art gehäkeltes Netz von Atomen wie eine Haut um sich zieht – der Anfang eines kosmischen Systems, innerhalb dessen sich die durch Verflechtung schwer gewordenen Atome zur Erde ballen, die feinen Atome die Himmelskörper bilden usw.

Aus dieser Schilderung der Weltentstehung ergibt sich für das Sein der Dinge selber: Was sich uns als die Einheit einer Dinggestalt zeigt, ist ein Schein. In Wahrheit ist jedes Eine Vieles und nie kann Vieles zu wirklich Einem werden, so wenig, wie je wirkliches Eines, die unteilbare Einheit des Atoms, Vieles werden kann. Alles Seiende ist eine Mischung von Vollem und Leere, d. h. aber: das Leere ist als das Auseinanderhaltende die eigentliche ›Ursache‹ erscheinender Gestalteinheiten. Denn nur Auseinandergehaltenes, ein Schwarm von Atomen im Leeren, kann sich zur Einheit einer Gestalt zusammenfügen. Der Vorgang dieser Fügung selbst gehorcht rein mechanischen Gesetzen. Die ständige Bewegtheit der Teilchen bringt sie miteinander in Berührung. Daß sie aufgrund dieser Berührung, soweit sie nicht wieder auseinanderprallen, zusammenbleiben, wie das die Anschauung der ›soliden‹ Körper lehrt – im Gegensatz zu der ruhelosen Bewegung, wie sie die Anschauung an den Sonnenstäubchen zeigt –, macht eine weitere Annahme erforderlich: daß sich die Teilchen nach Gestalt und Größe unterscheiden. So können sie sich ineinander verhaken. Glatte und kleine Atome werden sich der Verstrickung dieser Massierungen am leichtesten entziehen, doch wird die Ballung der ineinander verhakten Atome stets auch glatte Atome in sich festhalten, und vor allem wird nie alle Leere zwischen den Teilchen aufgehoben sein. Der massive Körper ist wie der Letternberg einer Druckerei. Nur durch die Kleinheit der Atome entsteht der Eindruck des ›Soliden‹.[9]

Und wie sich das Erscheinen der Dingeinheiten aus diesen einfachsten Annahmen des Leeren und nach Größe und Gestalt verschiedener Atome erklärt, so ergeben sich alle Eigenschaften dieser erscheinenden Dinge aus der Form, Lage und Stellung dieser Atome und alle erscheinenden Veränderungen dieser Eigenschaften aus bloßer Umlagerung derselben. So entsteht etwa die Farbe durch bloße Umordnung von Atomen, die Körperschwere durch bloße Häufung von Atomen.

Es ist kein Zweifel, daß diese Theorie eine konsequente mechanische Erklärungsweise des Naturgeschehens im Atombereich meint. Man kann ohne besondere Schwierigkeiten die Grundgesetze der Mechanik aus diesen Beschreibungen ablesen, so eine Theorie des Stoßes, der Massenanziehung, das Kausalgesetz, das Prinzip der Erhaltung der Materie, der Erhaltung der Kraft, der Wirkung und Gegenwirkung, das Entropiegesetz usw.[10] *Aber wir werden sehen, daß diese Prinzipien einer Mechanik von Demokrit nicht zufällig unformuliert geblieben sind.* Es ist auch fernerhin nicht zu bestreiten, daß dieser universalen Theorie der atomaren Mechanik durch Demokrit auf der ganzen Linie der damaligen Naturerkenntnis fruchtbare mechanische Erklärungen beigesellt worden sind. Vielsagende Anekdoten und eine Fülle von vielversprechenden Buchtiteln bezeugen uns Demokrits Forschungstrieb nach den mechanischen Ursachen aller Erscheinungen. Er soll gesagt haben, er wolle lieber einen einzigen ursächlichen Beweis für etwas finden, als daß er den persischen Königsthron erwürbe (VS, Fr. 118). So wird er zum Forscher, gerade weil er die Erklärung einer Erscheinung aus dem Zufall abweist. Stets wird man, wenn man nur scharf genug zuzusehen vermöchte, ihre zwingende Verursachung auffinden können.[11] Die siegreiche Kraft des mechanischen Kausalitätsbegriffs im Bunde mit einer rücksichtslosen Reduktion aller qualitativen Gegebenheiten auf die wahre Welt der Atomgestalten machen so die demokritische Wissenschaft, wie es scheint, zum echten Vorbild der Naturwissenschaft der Neuzeit.

Allein, dieses Ergebnis zwingt zur Besinnung. Ein griechischer Philosoph, der Ethos und Methode der modernen Naturwissenschaft vorweggelebt haben soll, ist, mehr noch als diese Naturwissenschaft selber, die Antwort darauf schuldig, was ihm diese Forschung und dieser Erkenntnistrieb im Ganzen seiner philosophischen

Weltansicht bedeutete. Denn das Urteil der Geschichte, das den Gegnern dieser Atomistik für zwei Jahrtausende den Sieg zuerkannt hat, kann hier nichts beweisen. Zwar ist es sicher richtig, daß der kühnen Konzeption dieser Atomtheorie die Mittel fehlten, sie im einzelnen der Forschung durchzuführen: dieser mechanischen Gesamtdeutung fehlte jede exakte Kenntnis der Mechanik des Stoßes, ihr fehlte völlig das quantitative Experiment, ihr fehlte vor allem aber eine Mathematik, die der abstraktiven Höhenlage ihrer Grundannahmen irgend gewachsen gewesen wäre. Aber daß sie dennoch Geltung beanspruchte, ist das Entscheidende. Und so lassen alle diese Feststellungen, die vom Standpunkt der modernen Naturwissenschaft ebenso viele innere Unmöglichkeiten dieser Atomphysik bedeuten und sie zu einer Art seltsam ahnungsvoller Phantasie herabsetzen, die Frage nach ihren philosophischen Grundmotiven in den Vordergrund rücken.

Wir nähern uns dieser Frage in schrittweisen Feststellungen:

1. Wodurch beweisen die Atomistiker die Existenz der Atome? Die Anschauung, die sie leitet, ist die, daß das eigentliche Seiende nie nicht sein kann, d. h. aber, daß es unveränderlich beharrt. Das aber bedeutet, daß es etwas sein muß, das von dem sichtbaren Zerfall aller Wesen der Natur unbetroffen bleibt. Der Gedankengang, den Aristoteles als die entscheidende Begründung des Atomgedankens anführt,[12] klingt ›mathematisch‹, genauer: er widerlegt die mit dem Gedanken des Kontinuums gegebene mathematische Forderung einer grundsätzlich unbegrenzten Teilbarkeit durch die Berufung auf die Natur des Körperlichen. Teilbarkeit beruht auf Leere – denn sonst wäre sie Zerstörung von Substanz.

Unbegrenzte Teilbarkeit ließe daher alles Körperliche ins Unkörperliche ausdehnungsloser, punktartiger Leere vergehen. Das hieße: das Sein des Körperlichen wäre nichts als Leere. Das Körperliche aber ist in Wahrheit das Volle, das, in dem gar keine Leere ist, das Atom von unzerstörlicher Gestalt. Der Atomgedanke ist also ein ontologisches Postulat und erweist sich als ein Versuch, den Seinsgedanken der eleatischen Einheitslehre mit den Forderungen der Naturerfahrung dadurch zu vereinen, daß er in der Vielheit unsichtbar kleiner Einheiten das wahre Sein der Erscheinungen erkennt.[13]

2. Die Unteilbarkeit der Atome ist also eine ontologisch-physikalische, keine mathematische Forderung. Sie sind unteilbar, weil sie ›solide‹, d. h. frei von Leerem sind. Es ist im Grunde nicht ihre Kleinheit, die sie unteilbar sein läßt. Sie sind keine mathematischen Pseudopunkte. Sie haben verschiedene Größe, ja, es könnte an sich – wenn nur die Erfahrung der wirklichen Erscheinungen das nicht ausschlösse – Atome geben, die so groß wären wie die ganze Welt.[14] Es ist eine viel umstrittene Frage, ob dieser ›physikalischen‹ Atomistik eine ›mathematische‹ Atomistik (eine Konstruktion des Kontinuums des leeren Raumes aus ausgedehnten ›Punkten‹) entsprochen habe. Das einzige Zeugnis, das dafür sprechen könnte, ist das bekannte Problem der Zerlegung des Kegels durch Parallelschnitte, das sogar als eine Vorahnung des Infinitesimalprinzips gedeutet worden ist.[15] Aber für Demokrit ist das ausdrücklich ein ›physisches‹ Problem, d. h. auch hier dürfte Demokrit – wie wohl in seiner ganzen Mathematik – am physischen Modell gehaftet und dessen wahre atomistische Struktur gegen die anschauliche Forderung des Kontinuums ausgespielt ha-

ben. Auch die ›echte‹ Erkenntnis, die Demokrit der ›unechten‹ Sinneserkenntnis entgegensetzte, die Erkenntnis ›des Verstandes‹, war physikalische und nicht ideale mathematische Erkenntnis.[16]

3. Die Zahl der Atome haben die Atomistiker für unbegrenzt erklärt, wegen der unbegrenzten Mannigfaltigkeit der Erscheinungen, die durch sie erklärt werden sollten. Dieser Satz öffnet den Zugang zu den weltanschaulichen Grundkräften dieser Naturdeutung. Die Atome sind *unzählbar*. Aristoteles erklärt zwar: »In gewisser Weise machten die Atomistiker wie die Pythagoreer alles zu Anzahlen« (VS 54 A 15), und in der Tat, jedes Seiende ist eine Vielheit von Atomen, also eine Anzahl. Aber weder ist dies Anzahlsein das Sein der Dinge, noch sind uns diese Anzahlen je auszählbar und bekannt. Dabei kann schon die Einmischung oder Umordnung eines einzigen Atoms das Ganze der Atomfigur in seinem Aussehen entscheidend verändern.[17] Die echte Erkenntnis, die hinter den Sinnenschein dringt, erkennt also wohl, daß es keinen Zufall gibt, sondern alles seine Gründe hat, aber sie erkennt in Wahrheit diese Gründe selbst nicht. Ihre Leistung ist vielmehr nur die, der Beobachtung der Erscheinungen den unermüdlichen Antrieb wahrer Ursachenforschung zu vermitteln, der darin liegt, daß alles mit rechten Dingen zugeht, alles von der gleichen mechanischen Notwendigkeit beherrscht ›von selbst‹ geschieht. Was wir von der Natur erkennen können, ist freilich stets nur der grobe Zusammenhang augenfälliger Ursachenzusammenhänge, nicht der wahre Mechanismus der Atome, der die wahren Vorgänge darstellt.[18]

4. Von selbst also, dem Zwang einer Bewegung gehorchend, in der sie schon sind und von jeher schon sind,

fügen sich die Atome zur ephemeren Einheit der körperlichen Gestalt. Und wie sich die Gestalten dieser Welt aus dem Atomtreiben ständig bilden, so bilden sich auch ständig andere Welten nach den gleichen Gesetzen. Wir wissen von diesen zwar gar nichts und können gar nichts von ihnen wissen, aber es wird sie geben. Nichts berechtigt uns, unsere Welt, die wir kennen, aus einem anderen Grunde entstanden zu denken, als dem des sinnlosen Mechanismus des Atomgeschehens. Der aber wird überall zur Weltbildung führen müssen, wo sich Atome massieren. Eine solche Weltdeutung gerät offenbar in die härteste Spannung zur natürlichen Erfahrung der Welt als eines sinnhaften, zweckmäßig geordneten Kosmos.[19] Am Maßstab dieses natürlichen Weltverständnisses stellt sich das Walten der Notwendigkeit als Walten des Zufalls dar. Die Gestalt des Kosmos und der Kosmos von Gestalten, die die Welt erfüllen, sind, gerade weil sie auf mechanischer Notwendigkeit allein begründet sind, nichts als (glücklicher) Zufall.[20] Es ist die attische Philosophie gewesen, die diese philosophische Konsequenz der atomistischen Welterklärung gezogen und ihre weltanschauliche Verkehrung wie ihre faktische Halbheit siegreich nachgewiesen hat. Die ›Natur‹, die wir kennen, ist sinnvoll belebte Ordnung und nicht aus blinder Zwangsläufigkeit sich ergebender Zufall (Platon, *Gesetze*, 10. Buch[21]). Und ferner:[22] Die auf den Grundprinzipien des Atomismus aufgebaute Naturerklärung hört gar nicht auf, etwa im Vater die Ursache des Kindes zu sehen, d. h. aber in dieser Ordnung des Fortpflanzungsgeschehens selber ›die Natur‹ als wirksam zu erkennen. Nur von dem entfernteren Geschehen der Weltenbildung, in dem die Himmelsordnung zustande kommt, und von den Vorgängen der unbelebten Natur erklärten die Atomistiker, es entstünde von selbst (›automatisch‹). Es war die große Leistung der aristotelischen Philosophie der Natur, die innere Halbheit dieser atomistischen Naturdeutung aufgewiesen zu haben und ihren ontologischen Ausdruck in der Nachbarschaft des ›Von selbst‹ und des Zufalls gefunden zu haben.

In dem atomistischen Naturgedanken liegt eine Entformung des an den Gestalten der Dinge und Wesen orientierten natürliches Weltbildes und damit eine *Sinnentleerung alles Geschehens.* Die Notwendigkeit, die alles beherrscht und nach der alles von selbst geschieht, wirkt als die sinnlose Ursache einer dennoch sinnhaften Endwirkung: der Naturordnung. Dann ist sie aber gar keine ursprüngliche Macht der Natur. Was mit Regelmäßigkeit entsteht und geschieht, ist nicht Werk des Zufalls. Zufällig ist ja das, was gegen die Regel und die erwartete Wirkung eintritt. So gewinnt der Begriff des ›Von selbst‹, bei Demokrit der ausschließende Ausdruck zwangsläufiger Notwendigkeit, vor der lebendigen Gesetzlichkeit der Naturordnung den Charakter der Ausnahmeursache, d. h. dessen, was blindlings zu einem Erfolge führt, den das lebendige Gesetz der Natur oder die bewußte Absicht sonst herbeizuführen pflegen. Das mag für eine Naturforschung von konsequent mechanischer Methodik keine sinnvolle Bestimmung sein, aber es ist die ausgezogene Folge der atomistischen Naturdeutung, die die Orientierung an der erfahrenen Ordnung des Kosmos nie wirklich preisgegeben hat.

5. Die Fuge, an der sich die wahre Hinterwelt der Atome und die Welt der natürlichen Erfahrung zusam-

menschließen, liegt bei der Sinneswahrnehmung. In der atomistischen Deutung der sinnlichen Wahrnehmung zeigt sich, wie die Annahme der Atome die Wirklichkeit des Scheines der Gestalteinheiten und der qualitativen Unterschiede begründet. Hier findet sich die für die neuere Philosophie und ihre Stellung zur Naturwissenschaft so entscheidende Lehre von den primären und sekundären Qualitäten. Die Grundannahme der alleinigen Wirklichkeit der Atome und ihrer Bewegung durch das Leere läßt den Gehalt der sinnlichen Wahrnehmung nur als Schein gelten. Aber dieser Schein ist zugleich das Wahre, wie es sich zeigt. Die Subjektivität der Sinnesempfindungen hat ihren wahren Grund in dem wahren Sein der Wirklichkeit, den Atomen. In dem unauszählbaren Gewühl der Atome, die eine körperliche Erscheinung zusammensetzen, finden sich alle die Atomgestalten und Atomfigurationen wirklich darin, die zu den wechselnden und subjektiv verschiedenen Empfindungen führen. Derselbe Wein schmeckt dem einen süß, dem anderen sauer, weil der eine wirklich für diese, der andere für jene Atomgestalten durchlässig und empfänglich ist. Echte Erkenntnis also läßt uns in all den scheinbaren Sinnesdaten je die alleinige Wirklichkeit der Atome und des Leeren annehmen.

Freilich bestimmen wir Größe, Gestalt und Lage der Atome, indem wir die aus unserer Sinneserfahrung bekannten mechanischen Eigenschaften der Dinge auf die Atome analogisch zurückübertragen. Und alle eigentliche Ursachenforschung im Bereich der Naturerkenntnis spielt sich vollends innerhalb der gröberen Augenfälligkeit der erscheinenden Gestalten der Dinge ab. Daher kann Demokrit seine kritische Einschränkung der Wahrheit der Sinneswahrnehmung durch die Antikritik der Sinne an dem Tun des Verstandes ergänzen: »Du armer Verstand, von uns nimmst du die Zeugnisse an und willst uns mit ihnen besiegen? Dein Sieg ist dein Fall.«[23] Die spätantike Skepsis hat daher gar nicht so unrecht, wenn sie durch Worte wie: »Daß wir, wie jedes Ding in Wahrheit beschaffen ist, nicht erkennen können«,[24] Sinne und Verstand in gleicher Weise betroffen findet. Und wir begreifen aus dieser skeptischen Resignation der demokritischen Wissenschaft von den Atomen, daß Aristoteles keine bloße Torheit begeht, wenn er sich einmal[25] gegenüber der atomistischen Deutung der qualitativen Veränderungen in der Natur auf die sinnliche Erfahrung beruft, die ein Ganzes als Ganzes sich verändern sieht. Denn freilich sollen die Vorgänge der Umlagerung von Atomen, aus denen Demokrit die Veränderungen erklärt, gerade unsichtbar sein. Aristoteles hat dennoch ganz recht: die deutende Beschreibung der Naturvorgänge selbst, wie wir sie mit unseren Sinnen zunächst erfahren, legt uns andere ganzheitliche Auffassungsformen des Geschehens auf. Gegenüber der Annahme der Atome und ihrer summativen arithmetischen Figuration stellen sie die wahre Metaphysik der Natur dar. Denn nicht isolierte gegeneinander gleichgültige Teilchen, die sich anfügen oder umordnen, sondern Gestalten sind das primäre Sein der Wirklichkeit. Und diese Gestalten springen nicht erst aus dem Würfelbecher des Zufalls heraus. Sie – und nicht die *atomaren* ›Urgestalten‹ – sind die regelnde Einheit der Vorgänge, die wir uns erklären wollen.

6. Von der Erkenntnisweise der modernen mechanischen Naturwissenschaft aus, die den Begriff der Natur mit methodischer Bewußtheit auf das *scibile* im mathe-

matischen Sinne des Wortes einschränkt und daher weiß, daß sie jeden Fortschritt an präziser Erkenntnis mit steigender Verarmung dessen bezahlt, was sie an der Natur zum Gegenstand ihrer Erkenntnis macht, gewinnt freilich Demokrit den Ehrenrang eines frühen Ahnen, und des Aristoteles abschließend einheitliche Weltsicht erscheint als ein lähmender Dogmatismus der Anschauung. Wer dagegen auf die weltanschaulichen Kräfte sieht, die hier und dort wirksam sind, der erkennt in der Weltsicht des Aristoteles den großartigen Versuch, die durch Demokrit bis an die äußerste Auflösung aller bindenden und gestaltbildenden Kräfte herangeführte Aufklärung durch neue Formung ältester Wahrheit zu bannen. Ein Blick in die ethischen Fragmente des Demokrit (die man freilich von mancher späteren Zutat befreien müßte) würde es bestätigen, daß wir die weltanschaulichen Grundlagen seiner gewaltigen Forschungsenergie mit dem Grundgedanken seiner Atomtheorie richtig verknüpft haben. Der umschließende Horizont griechischen Gemeinsinnes, wie ihn Platon und Aristoteles in zu später Stunde wiederherzustellen versucht haben, ist nicht mehr die tragende Gewißheit dieses eisigen Geistes.

7. Die Gegenkraft, die sich in der Weltsicht des Aristoteles auswirkt, ist *platonischen Ursprungs*. Man hat nicht ohne Sinn das ganze literarische Werk Platons als einen einzigen großen Dialog mit Demokrit bezeichnet, und nicht ohne tieferen Symbolwert ist die antike Anekdote, daß Platon die demokritischen Schriften habe verbrennen wollen und es nur unterließ, weil sie schon in zu vielen Händen waren. Aber ist Platon nicht selbst – neben Demokrit und von historisch nicht geringerer Wirkung als er – Schöpfer einer atomistischen Theorie

der Materie und der Elemente gewesen? Liegt nicht gerade darin seine unnachahmliche Größe, daß er selbst diese Wahrheit der Neuzeit umfaßt hat? In der Tat vermag die modernste Naturwissenschaft in Platon nicht minder als in Demokrit grundlegende Vorahnungen ihrer eigenen Entdeckungen zu erkennen.[26]

Es würde zu weit führen, im einzelnen zu zeigen, welch tiefem Instinkte die mit dem Maßstab der Naturwissenschaft messende Erforschung der antiken Naturphilosophie gefolgt ist, wenn sie trotzdem nicht in Platon, sondern in Demokrit den wahren antiken Vorläufer der Naturwissenschaft sah. Die Wandlung, die der demokritische Atomgedanke im Mythos des *Timaios* erfährt, möge andeuten, was die mechanische Naturwissenschaft der Neuzeit von sich bekennt, wenn sie sich der demokritischen Atomistik tiefer verbunden fühlt als der platonischen. Platons letzte Elementareinheiten, aus denen er sich den Stoff der Welt aufgebaut denkt – und nur diesen Stoff, nicht die Weltordnung selber! –, sind Dreiecke. Das Dreieck aber ist die einfachste Figur, in die sich die mathematischen Raumgestalten teilen lassen. Die Annahme der Unteilbarkeit letzter Atomdreiecke beruht also auf einer *eidetischen* Unteilbarkeit. Denn Unteilbarkeit ist das Wesen des Dreiecks in dem Sinne, daß sich aus ihm keine einfachere *Figur* durch Teilung mehr ergibt. Platons Atome sind keine letzten, dem Zerfall der erscheinenden Gestalten, der Zerstörung aller Formeinheiten widerstehende Wirklichkeiten, sondern sie sind die Urformen des Körperlichen selbst. Und es sind nicht zufällige Figuren, die aus ihrer Zusammenfügung entspringen, sondern die regulären ›platonischen Körper‹. Die Atomdreiecke sind nicht die Endeswirklichkeit einer möglichen Splitterung des Körperhaften, sondern die ursprünglichen Bausteine des Regelmäßigen. Nicht eine Auflösung aller sichtbaren Gestalten, sondern die anschauliche Durchgliederung der Gesetzlichkeit des Ausgedehnten erreicht sie. Daher gibt es in der platonischen Atomwelt keine Leere. Die Mechanik des atomaren Aufbaues der Materie hat den Charakter einer mathematischen Synthesis und nicht den eines regellos zwangsläufigen Geschehens. Man kann an dieser radikalen Verwandlung des demokritischen Atombegriffs die in Platon wirksame Energie ermessen, die die Aufklärung der griechischen Naturwissenschaft aufs neue unter das Lebensgesetz hellenischer Daseinsdeutung zwingt. Was für Demokrit die wahre Naturwirklichkeit erklären sollte, die blinde Notwendigkeit des unentwirrbaren Atomgeschehens, das findet in der mythischen Weltschöpfung des *Timaios* in doppelter Verwandlung sein begrenztes Recht. Daß Welt ist, ist Tat eines Bauens nach einer göttlichen Mathematik. Daß es in dieser Welt Regelloses und Unvollkommenes gibt, daß das irdische Geschehen der reinen Vollkommenheit des kosmischen Gefüges ermangelt – das ist die Macht des blinden Zwanges der Stofflichkeit, die sich aus Atomen gestaltet. Aber selbst diese atomistische Gestaltung des Stoffes läßt eine mathematische Vorformung erkennen. Auch im Unerkennbaren noch waltet das Gesetz von Gestalt und Zahl. So wenig wie die Mathematik, die die sichtbaren Proportionen der Weltkörper durchordnet, ist diese Mathematik des Stoffes das Resultat einer messenden und rechnenden Forschung. Sie fügt sich in den Grundplan, nach dem die Welt beschrieben ist. Und wenn in diesem Plan die menschliche Existenz ihre beschlossene Stätte hat, so begründet das Gesetz der Welt zugleich das Gesetz der menschlichen Wirklichkeit staatlicher Gemeinschaft. Sie wird zu einer Ordnung, die allen Auflösungskräften ermattenden Staatsgeistes den Widerstand einer neuen kosmischen Würde entgegensetzt. So bestätigen sich am Gegenbild dieser mythischen Begründung von Welt und Staat unsere Einsichten über die philosophischen Motive der antiken Atomistik.

Es bedürfte einer besonderen Darstellung, zu zeigen, wie Aristoteles auf dem Boden dieses platonischen Weltgedankens zum Kritiker nicht nur der demokritischen, sondern auch der platonischen Atomistik wurde. Man würde erkennen, daß diese für zwei Jahrtausende entscheidungsvolle Kritik der Naturanschauung Platons treu blieb, aber nicht seiner staatlichen Leidenschaft, die ihn die wirksamen Kräfte feindlicher Gefahren binden hieß, statt sie auszustoßen.

Wenn die neuere historische Forschung, der Selbstgewißheit der modernen Wissenschaftsidee verschrieben, an dem platonisch-aristotelischen Naturgedanken vorbei in Demokrit den Vorläufer der modernen Naturwissenschaft sah, so beging sie nicht nur einen Fehler historischer Erkenntnis: in der unbefragten Geltung des Maßstabes der modernen Naturwissenschaft offenbarte sich ein Verzicht auf Philosophie im höheren Sinne.

Anmerkungen

1 Vgl. die Zeitschrift *Erkenntnis*, zugleich *Annalen der Philosophie* (1930 ff.) (und die inzwischen weltweit verbreitete Bewegung für ›unity of science‹).

2 Neudruck erschienen bei der Wissenschaftlichen Buchgesellschaft, 2 Bde., Darmstadt 1963.

3 Ich denke vor allem etwa an die Lehre vom *Fall* der Atome, die, durch die Autorität Zellers gestützt, die Forschung lange genarrt hat und von A. Goedeckemeyer aufgeklärt worden ist. Vgl. Goedeckemeyer: *Epikurs Verhältnis zu Demokrit*, Straßburg (Diss.) 1897.

4 Das gilt freilich auch noch von manchen Formen der Atomistik späterer Zeit. Vgl. Lasswitz, Bd. 1, S. 401 ff., eine Tatsache, die für die Aufklärung der metaphysischen Voraussetzungen der modernen Naturwissenschaft bedeutsam ist.

5 Vgl. Diels, *Fragmente der Vorsokratiker*, Kap. 55 A 74, 78. (Im folgenden zit.: VS.)

6 Vgl. Walther Kranz, »Empedokles und die Atomistik«, in: *Hermes* 1917.

7 Vgl. Arist., De gen. et corr. A 2.

8 Die Aufklärung der atomistischen Kosmogonie verdanken wir J. Hammer-Jensen (*Archiv für Geschichte der Philosophie* 23, 1910) und Eva Sachs (*Philologische Untersuchungen* 24, 1917). Vgl. VS 54 A 1.

9 Vgl. vor allem VS 55 A 37, 38.

10 Bis zur Absurdität konsequent ist das von L. Löwenheim, *Die Wissenschaft Demokrits und ihr Einfluß auf die moderne Naturwissenschaft*, Berlin 1914, durchgeführt worden.

11 Vgl. Arist., Phys. B 4.

12 Arist., De gen. et corr. A 2,315b ff.

13 Vgl. VS 54 A 8 und Anm. 11.

14 Vgl. VS 55 A 47,43; Arist., De gen. et corr. 326a 28.

15 VS 55 B 155 und Diels' Anmerkung.

16 Es ist also im Grunde falsch, von einer atomistischen Mathematik, aber ebenso verkehrt, von einer echten Mathematik des Kontinuums bei Demokrit zu sprechen. Simplicius in Phys. 82,1 hat keinen Quellenwert. Der von Aristoteles gegen Demokrit eingewandte Konflikt seiner Atomistik mit der Mathematik bestätigt im Grunde, daß Demokrit eine echte Mathematik neben seiner wahren Physik überhaupt nicht gekannt hat (vgl. etwa VS, Fr. 11 p!). Aristoteles' Einwand überträgt die Atomistik auf das Problemniveau der späteren noetischen Mathematik und trifft etwa die Lehre der ›unteilbaren Linien‹ des Platon und Xe-

nokrates. Richtig Erich Frank, *Plato und die sogenannten Pythagoreer*, Halle 1923, S. 54. Vgl. vor allem VS 55 B 11.

17 Vgl. VS 54 A 9.

18 Kein Zeugnis beweist, daß Demokrit jemals eine zahlenmäßig bestimmte Mischung von Atomen verschiedener Art – wie wir das von Empedokles wissen – angenommen hat. Wenn er von Aristoteles neben und vor Empedokles als erster genannt wird, der an die Wesensdefinition der Dinge gerührt habe, so beweist das Beispiel (Met. 1076b 20) der Wärme, was damit gemeint ist. Die Erscheinung der Wärme wird überall auf dasselbe wahre Wesen, die glatten und runden Feueratome, zurückgeführt, also auf Unterschiede der Gestalt, nicht der Anzahl der Atome. Wo Mischungsverhältnisse verschiedengestalteter Atome eine Erscheinung erklären sollen – etwa die der gemischten Farben –, wird kein genaues Zahlverhältnis genannt. Die ›arithmetische‹ Verfassung des körperlichen Seins, eine *Summe* von Atomen zu sein, begründete also keine ›Arithmetik‹.

19 Vgl. das bezeichnende Wortspiel Platons, Tim. 55c, wo Platon die Lehre von den ›uferlos‹ vielen Welten für eine ›uferlose‹ Spekulation erklärt (ἄπειρος).

20 Vgl. zu diesem inneren Zusammenhang von Mechanismus, Zweckmäßigkeit und Zufall vor allem Kant, etwa *Kritik der Urteilskraft*, § 61.

21 Vgl. die Zusammenstellungen φύσις καὶ τύχη, Protag. 323c; Legg. 889a 5 u. ö.: κατὰ τύχην ἐξ ἀνάγκης, Legg. 889c 1; dagegen Platon: ψυχή ... διαφερόντως φύσει, Legg. 892c.

22 Vgl. Arist., Phys. B 4 = VS 55 A 69.

23 VS 55 B 125.

24 VS 55 B 10; vgl. Fr. 6–9.

25 Arist., De gen. et corr. A 9 327a 15 ff.

26 Das hat Eva Sachs (*Philologische Untersuchungen* 24, 1917) dargelegt, vor allem S. 221 f. Vgl. Kurt Hildebrandt, *Platon*, Berlin 1933, S. 380 f.

Platon und die vorsokratische Kosmologie

»Die Überlieferung von Sokrates ist so beschaffen, daß sie dem Historiker alle Hoffnung nehmen könnte, ihr ein zuverlässiges Ergebnis abzugewinnen«: mit dieser Feststellung eröffnete Helmut Kuhn 1934 das seine Sokratesdarstellung rechtfertigende Nachwort[1] und berief sich alsdann auf den von Franz Overbeck entwickelten Begriff der Urgeschichte, um zu begründen, daß er den historischen Sokrates nicht aus den disparaten Zeugnissen einer vielfältigen Überlieferung zu rekonstruieren, sondern in seiner Wirkung auf Platon und die Entstehung der abendländischen Metaphysik zu erfahren und so zwar nicht in seiner historischen Zufälligkeit, wohl aber in seiner geschichtlichen Wirklichkeit zu treffen suche. Was damit an Verwandlung einer Erkenntnisaufgabe im Sonderfalle des Sokrates geschah, läßt sich, wie ich anderwärts zu zeigen versucht habe,[2] in seiner allgemeinen und grundsätzlichen Bedeutung rechtfertigen. Ganz gewiß aber gilt es von solchen geschichtlichen Wirklichkeiten, die unter die Kategorie des ›Anfangs‹ fallen und nur von den Folgen und dem Ende her ihre Bestimmung gewinnen. So läßt sich denn der obige Satz Kuhns ohne jede Modifikation vor allem auf den Anfang der abendländischen Philosophie bei den frühen Griechen anwenden. Was diese frühesten Denker waren, von denen wir Thales, Anaximander und Anaximenes mit Namen kennen, das läßt sich nicht nur nicht eindeutig aus alter oder jüngerer Überlieferung rekonstruieren –

das Bild der Forschung und ihrer Fortschritte sieht wesentlich so aus, daß immer wieder eine vermeintliche Gewißheit abbröckelt und das Maß des Ungewissen wächst. Und wenn wir auch aus einer wenig späteren Zeit ein beachtliches Stück des Lehrgedichtes des Parmenides und eine Reihe unverkennbar originaler Sätze des Heraklit besitzen, so fließen doch selbst diese ›Quellen‹ in einem bestürzenden Dunkel der Ungewißheit, wie es etwa als das Pythagoras-Problem oder das Orphiker-Problem jedem Kundigen bekannt ist. Und wenn sich im fünften Jahrhundert dieses Dunkel langsam lichtet, Empedokles, Anaxagoras und Demokrit für uns einen zuverlässigen Umriß gewinnen, so sind wir doch gegenüber dem Ganzen der vorsokratischen Überlieferung unzweifelhaft in der gleichen Lage, die für das Sokrates-Problem gilt: Platon, mit dessen Dialogen, und Aristoteles, mit dessen Lehrschriften für uns die literarische Überlieferung der griechischen Philosophie beginnt, haben die gesamte uns zugängliche Überlieferung über die Vorsokratiker so durchdrungen und geformt, daß wir auf der Höhe der historischen Kritik und mit ihren Mitteln kaum Aussicht haben, etwas anderes mit Gewißheit auszumachen, als das von Platon und vor allem das von Aristoteles geprägte Geschichtsbild. Was von dorther ganz unbeeinflußte Überlieferung ist, läßt sich kaum isolieren – vielleicht am ehesten wird man das große Exzerpt aus dem Lehrgedicht des Parmenides hier nennen dürfen, aber selbst diese von Simplicius treu besorgte Abschrift ist eine Auswahl und wie jede Auswahl beeinflußt und beeinflussend.

Dennoch wäre es verkehrt – auch hier – zu meinen, daß wir uns bescheiden müßten und kein anderer Weg der Forschung mehr offensteht. Auch hier besteht die Möglichkeit, aus der Wirkung auf ihren Urheber zurückzuschließen, d. h. aus der Art, wie Platon und Aristoteles die vorsokratische Tradition ausdrücklich oder unausdrücklich spiegeln, über das, was diese ersten Denker waren, etwas zu lernen. Da ist nun freilich eine erste kritische Einsicht nicht zu umgehen: daß wir nämlich nicht nur der interpretatio aristotelica den Glauben zu versagen haben, die Theophrast und den Doxographen zugrunde liegt, sondern ebenso auch derjenigen interpretatio, die das gesamte historische und philologische Denken der Moderne beherrscht – allem Antihegelianismus der historischen Schule zum Trotz – und die ich die interpretatio hegeliana nennen möchte. Ihre selbstverständliche Voraussetzung ist zwar nicht wie bei Hegel die totale Begreifbarkeit der Geschichte aus ihrer inneren ›Logik‹ – aber so viel steht auch für sie fest, daß die einzelnen Denker und ihre Lehren aufeinander Bezug haben, einander ›überholen‹, kritisieren, bekämpfen, so daß ein logisch verständlicher Zusammenhang das Gespräch der Überlieferung ordnet.

Mag das im allgemeinen wahr sein: dort, wo eine Überlieferung überhaupt nur aus den Zeugnissen Späterer gewonnen werden kann, wie im Falle der Vorsokratiker, ist diese Voraussetzung nicht gegeben. Wir wissen z. B. nicht, ob Parmenides den Heraklit überhaupt gekannt hat; wir wissen nicht, wie die milesische ›Schule‹ aussah, ob die uns überlieferte Diadoche mehr als spätere Kombination ist. Wir wissen nicht, wer Pythagoras wirklich war. Und vor allem: sowohl die platonische wie die aristotelische Stellung zu den früheren Denkern beachtet die zeitliche Aufeinanderfolge kaum und ordnet nach ›systematischen‹ Gesichtspunkten. Es heißt unsere Erkenntnismöglichkeiten überschätzen, wenn man bei dieser Überlieferungslage einen geschichtlichen Ablauf rekonstruieren wollte und, wie es im allgemeinen geschieht, die einzelnen Denker und ihre Lehren voneinander zu unterscheiden und auseinander abzuleiten versuchte. Die umgekehrte Aufgabe scheint mir gestellt, und gerade die neuesten Forschungen auf diesem Gebiet bestätigen das: die gemeinsamen, alle einenden Motive und Probleme versprechen allein einen Zugang zu diesen Anfängen, der ihre Wirklichkeit trifft.

Dieser Aufgabe kommt vor allem die Art, wie Platon seine ›Vorgänger‹ sieht, entgegen. Denn er hat sie alle – mit alleiniger Ausnahme der Eleaten – als eine Einheit gesehen und auf einen einzigen Namen getauft, indem er sie ›Herakliteer‹ nennt.[3] Daß diese Auffassungsform der Überlieferung eine antithetische Bildung ist, daß ihr eigentliches Motiv die positive Aufnahme des eleatischen Seinsgedankens durch die Ideenlehre ist, liegt auf der Hand. So wird die Wirkungsgeschichte des eleatischen Gedankens immer ein wesentlicher Zugang zu der eleatischen Lehre sein, und Platon steht an der Spitze derselben.[4]

Ungünstiger dagegen liegt die Sache für die Jonier, die eben durch die eleatische Antithese, in die sie Platon rückt, mit Heraklit und den Späteren verschwimmen. Wollte man sich nun umgekehrt für die Jonier auf Aristoteles stützen, der die eleatische Philosophie wegen ihrer Bestreitung der κίνησις an den Rand drängt und die jonische ›Naturphilosophie‹ positiv wertet, würde man verkennen, wieviel Antipythagoreismus und Antiplatonismus in dieser aristotelischen Vorgeschichte seiner

Meta-Physik (die wesentlich Physik ist) wirksam ist. Es ist schon so, wie Helmut Kuhn es in seinem Sokratesbuch richtig herausgearbeitet hat, daß Sokrates in seiner Wirkung auf Platon den Ursprung der Metaphysik darstellt, auch wenn es mit der ›Physik‹ bei Platon ein eigen Ding ist. Aber gerade das macht Platon zu einem unvergleichlichen Zeugen für das, was die Anfänge der Philosophie waren, daß er seine eigene Lehre in sokratischer Abkehr von dieser älteren Tradition, oder besser: *in bewußter Antwort auf diese Tradition* gewonnen hat. Seine Philosophie als Antwort verstehen heißt die Frage gewinnen, die sich mit dem frühen Anfang des griechischen Philosophierens erhob. Es gibt keine dichtere, keine unmittelbarere hermeneutische Möglichkeit, als die sich hier eröffnende: hier geht es nicht um die Glaubwürdigkeit von Zeugnissen, von bewußten Deutungen und Darstellungen, sondern um die eigene Möglichkeit des platonischen Denkens. Was waren die Vorsokratiker – insbesondere, was waren die Jonier –, wenn Platon seinen Sokrates ihnen so entgegenstellen konnte?

Setzt man hier ein, so tritt der *Timaios* ganz ins Zentrum. Sein vielschichtiges Ganzes, das nur so weit nach rückwärts blickt, wie seine eigene Aufgabe es verlangt, sagt unmittelbarer etwas über die Vorsokratiker aus, als die gewiß höchst vielsagenden Rückblicke auf die Früheren, die wir etwa im *Phaidon*, im *Theätet* oder im *Sophistes* finden und deren Auskunft wir gewiß nicht vernachlässigen dürfen.[5]

Der *Timaios* ist durch sein eigenes Dasein und Sosein nicht etwa nur, wie man ihn gedeutet hat, ein großer Dialog mit Demokrit[6] –, sondern als das, was er selber ist, ist er ein geschichtlicher Zugang zu dem früheren

Denken insgesamt. Bekanntlich hat Aristoteles, soweit er in seiner *Metaphysik* auf das platonische Dialogwerk Bezug nimmt, vor allem den *Timaios* vor Augen. Und bei aller Kritik an ihm: daß es ›leere Metaphern‹ seien, durch die Platon die Teilhabe der Phänomene an den Ideen deute – leere Metaphern aus dem Bereich der Techne für etwas, was nicht auf Techne beruht –, folgt er doch selber in seiner Lehre von den vier Ursachen dem Modell der Techne, um das, was ein φύσει ὄν ist, begrifflich zu erfassen. Der *Timaios* ist gewiß nicht ›die platonische Physik‹, der die aristotelische ›Physik‹ folgt und entspricht.

Der *Timaios* ist ein Mythos, eine Geschichte, deren Glaubhaftigkeit und Wahrheit nicht die des Logos sein will. Aber wie aller platonische Mythos ist auch dieser nicht eine Logos-fremde, wissensfremde Fabuliererei, sondern eine imaginative Projektion von dem im Logos Gewußten aus. Was Eidos ist, wie außerhalb des Bereichs des Herstellbaren das intelligible Sein des Eidos das Sichtbare bestimmen soll, das versucht Platon in der Fiktion des Herstellens zu sagen.

In der Tat scheint es eine umstrittene Frage unter den Platonikern gewesen zu sein, ob die fabricatio mundi, die der *Timaios* erzählt, wirklich ein Gewordensein der Welt meint oder ob sie wie eine mathematische Konstruktion ›der Lehrhaftigkeit wegen‹ zu deuten ist.[7] Selbst Aristoteles spielt darauf an, und Proklos berichtet Näheres. Was immer wieder nahelegt, die Herstellung der Welt nicht wörtlich zu verstehen, ist die Lehre des *Timaios*, daß die so gefügte Ordnung ewig sein wird. Die aristotelische Argumentation gegen ein gewordenes Ewiges liegt so nahe und hat so überzeugende Entsprechungen bei Platon selbst, daß man sich auf den mythischen Charakter der *Timaios*-Erzählung verwiesen sieht.

Freilich, das eigentlich Mythische an dieser kühnen und unerhörten Geschichte ist das Gemachtsein dieser Welt – und nicht ihr Gewordensein. Daß Vorstellungen vom Gewordensein bei den Alten die herrschenden waren, wird nicht nur in der aristotelischen Polemik klar genug vorausgesetzt, sondern liegt beispielsweise auch in der kritisch-ironischen Darstellung der genealogischen Märchenerzählungen, die wir im *Sophistes* finden.[8] Es ist also kein Zweifel daran erlaubt, daß unsere Berichte über ›kosmogonische‹ Lehren der Jonier, speziell des Anaximander, etwas Richtiges enthalten. Gleichwohl ist der Blick auf den *Timaios* für den *Sinn* dieser Kosmogonien lehrreich genug. Gipfeln sie doch alle in der Herleitung der bestehenden kosmischen Ordnung, die sich in selbsttätigem Ausgleich erhält – während die kunstreiche Herstellung der Weltordnung durch den Demiurgen des *Timaios* die entstandene Ordnung als bestandhafte Eingestaltung der mathematischen Harmonien in die von Widerständen nicht freie Wirklichkeit erzählt. Es ist kein Zweifel: die Kosmogonie der frühen Denker war nur um der Kosmologie willen da.

Nun kann man gewiß sagen, daß alle Kosmogonie um der Kosmologie willen erzählt wird. Das liegt im Wesen der Sache, daß die erzählte Geschichte der Welt die Geschichte dessen ist, was jetzt ist – in all seiner überwältigenden Ordnung und Regelmäßigkeit. Auch die religiösen Kosmogonien – der Orphiker, der Babylonier, der Ägypter – haben diesen Sinn. Dennoch macht es einen wesentlichen Unterschied, ob eine kosmogonische Erzählung anfangend von einem Ei oder vom Eros oder von der Nacht – anschauliche Modelle des Werdenswunders – des Wunderbaren viel berichtet, oder ob solche Erzählungen, ganz und gar von der Anschauung des vollendeten Endes beherrscht und bestimmt, das Werden dieser Welt aus den gleichen Kräften und Vorgängen erklären, die sie sichtbar beherrschen und ausmachen. Uvo Hölscher, der den Einflüssen der orientalischen Mythen nachgegangen ist,[9] hebt mit Recht hervor, daß schon Hesiod von dem Urzustand nichts anschaulich berichtet – sehr im Unterschiede zu den orientalischen Ursprungsgeschichten. »Nicht wie die Welt entstand, sondern wie sie eingerichtet ist, beschäftigt den Dichter« (401).

So hebt sich, meine ich, die alte Frage, ob Kosmologie oder Kosmogonie am Anfang des griechischen Philosophierens steht, bei schärferer Analyse ihres Sinnes in nichts auf, und gerade der *Timaios* zeigt die Schiefheit dieser Fragestellung. Ein Beispiel: Wenn wir uns immer wieder bei den Berichten über Anaximander an der Widersprüchlichkeit stoßen, daß auf der einen Seite die Vorstellung des Apeiron als des ›Anfangs‹, aus dem sich die Entgegengesetzten ausscheiden, gelehrt wird, und auf der anderen Seite die großartige Ausgleichsordnung, in der die Gegensätze beherrscht und gebunden sind (so daß man beim besten Willen Aristoteles nicht Unrecht geben kann, wenn er fragt, wozu es eines grenzenlosen Vorrates des Weltenwerdens bedarf, wenn die eine, in ihren Gegensätzen so wohlausgewogene Welt – oder auch die Abfolge solcher Welten, die einander ablösen – aus ein und derselben Masse gebildet sein kann), so scheint mir dieser bis heute die Deutung hilflos lassende Widerspruch logisch gesehen nicht viel anderes als die ›gewordene Ewigkeit‹, die im *Timaios* geschildert wird. Die

Frage der Auflösung der Welt, deren wohlgeordnete Verfassung mit Sicherheit im Zentrum seiner Lehre stand, bleibt bei Anaximander wohl nicht zufällig im Dunkel. Gab es eine solche überhaupt – oder ist es wie im *Timaios*? Und muß man dann die Überlieferung von den ›vielen Welten‹ nicht anders ansehen?

Muß man nicht, wieder vom *Timaios* inspiriert, die ganze Frage neu prüfen? Die unbezweifelbar berichtete Lehre von der Vielheit der ›Welten‹ wird ja doch im allgemeinen deswegen in der so fatale Widersprüche heraufbeschwörenden Weise auf ein Nacheinander in der Zeit bezogen, weil man das Nebeneinander als eine zu ungeheuerliche, erst dem extremen Atomismus des späten fünften Jahrhunderts zuzutrauende Überschreitung aller möglichen Erfahrung und Anschauung ansieht.[10]

Aber prüfen wir diese Lehre an der Darstellung des *Timaios*.[11] Da begegnet eine ausdrückliche Zurückweisung der Lehre von vielen oder gar unzählig vielen (ἄπειροι) κόσμοι oder οὐρανοί, und zwar mit einer Argumentation, die Schwierigkeiten bereitet. Offenbar findet es das platonische Schema der Nachbildung nach einem Vorbild (κατὰ τὸ παράδειγμα δεδημιουργημένος 31a 2) nicht ganz so leicht wie Aristoteles, die ›Einzigartigkeit‹ der Welt zu beweisen. Aristoteles konnte sich auf den Aufbrauch aller Materie stützen, während Platon erst die Einzigkeit dieser unserer Welt auf andere Weise beweisen muß (Tim. 33a). Seine Argumentation aus der Nachbildung nach dem Muster des allervollkommensten, alles Lebendige umfassenden Lebewesens (παντεχὲς ζῷον 31b 1) ist voller Problematik. Hier ist von Materie noch keine Rede. Platon will vielmehr rein aus Ideen, d. h. aus Wesensverhältnissen, die Einzigkeit unserer Welt beweisen. Die Einzigkeit des Vorbildes, die Idee eines alle Lebewesen umfassenden Lebewesens, wird aus der Idee des Vorbilds logisch abgeleitet, in der bekannten Weise, daß ein zweites Vorbild den Regreß auf ein Eines, das beide umfaßte, nötig machen würde. Das mag einleuchten. Um so schwieriger ist es aber, daß nun auch das Nachbild nur Eines sein soll. Gehört es doch gerade zur Wesensstruktur des Nachbildens und der Nachahmung, daß nach einem Vorbild viele Nachahmungen möglich sind. Was soll eine Ähnlichkeit κατὰ τὴν μόνωσιν (b 2) eigentlich bedeuten?

Oder besser anders: wenn die Herstellung der sichtbaren Welt im Blick auf das eine Vorbild die Frage der vielen Welten beantwortbar machen soll, muß man nicht daraus schließen, daß Platon diese Frage ohne seine mythische Geschichte vom Demiurgen nicht beantwortbar schien? Und sollten hierbei wirklich nur die von ihm nirgends mit Namen genannten Leukipp und Demokrit gemeint sein? Was leistet denn das hier gebrauchte Techne-Modell für dieses Argument? Offenbar doch dies, daß erst im *Vorblick* auf das Ganze die Idee des Ganzen, Umfassenden als die Einheit, die alles ist, wirklich gedacht ist. Das entspricht ganz der Art, wie im *Phaidon* die Einführung der sicheren Hypothesis des Eidos am Beispiel der Zwei – ich unterstreiche: *der* Zwei – demonstriert wird, die weder aus Zusammenfügung noch aus Teilung ›entsteht‹, sondern die Einheit der Zwei ist. Wenn es richtig ist, wie H. Boeder[12] glaubhaft macht, daß die frühen Jonier das Ganze, wonach sie fragten, τὰ πάντα nannten, so drückt schon die Benennung das unzureichende Einheitsverständnis aus, das mit der Vorstellung des Allesumfassenden verbunden war. Daß die Vorstellung des Apeiron als die grenzenlose Ausdehnung des Seins, die nie an ein Ende gelangen läßt (und in diesem räumlichen Sinne wird doch wohl jeder das anaximandrische Wort verstehen, der nicht eine vorgefaßte These zu verteidigen sucht), eben die Vorstellung des Einen, Ganzen unausgedrückt läßt, ist evident.

So scheint das *Timaios*-Zeugnis einen grundsätzlichen Mangel der φυσικοί, von ihrem Anfang an, zu bekunden – Xenophanes und Parmenides gehören dieser Reihe freilich nicht an, aber dem entspricht, daß Platon die Eleaten als Vorläufer seiner Ideenlehre ansieht –, und damit indirekt die Intuition zu bezeugen, der die ersten Jonier folgten: der Vorstellung des ›Von selbst‹, das Entstehung und Bestand unserer Welt auszeichnet. Das mag nicht den radikalen Sinn haben, der der atomistischen Kosmogonie zukommt. Aber legt nicht die Vorstellung des Grenzenlosen als der Arche, des aller Weltwerdung vorausliegenden Seinszustandes, der wie ein unerschöpflicher Vorrat ist, die Vorstellung vieler Welten nahe, die aus ihm ›sich ausscheiden‹, und wenn auch nacheinander, so doch so, daß eine jede, als sich haltendes Gefüge, Bestand hätte und sie so nebeneinander existierten? Wäre das wirklich unmöglich? Ist es nicht vielmehr notwendig, wenn man die Lehre vom Grenzenlosen mit der Lehre vom Ausgleich der Gegensätze überhaupt zusammendenken will? War es nicht auch ein unerhörter und kühner Gedanke, den Anaximander wagte, als er die ›Göttlichkeit‹ des grenzenlosen Seins statt der Göttlichkeit der homerischen oder hesiodischen Götter dachte?

Dazu tritt nun ein abermals von Platon her zu erschließendes zentrales Motiv des früheren Denkens: die Lage der Erde im Zentrum des Alls natürlich zu erklären, ohne die mythologische Figur des Atlas zu Hilfe zu nehmen. Das kommt bei Platon dadurch heraus, daß er sich von den Früheren kritisch abhebt, die einen ›neuen‹ Atlas in Gestalt von Luftwirbeln oder Luftkissen für die Lage der Erde annehmen, und daß er selber seine Erklärung ganz ohne all das aus der Idee des Guten leisten will: *Phaidon* 99c. Wie er sich das vorstellt, sagt aber der Mythos des *Phaidon* (108e) aufs klarste: die ὁμοιότης des Himmels, seine ἰσοϱϱοπία, genüge dafür, daß die Erde, ohne sich zu neigen, in der Mitte bleibe. Das ist nun freilich wieder eine halb mythische Beschreibung, durch die weniger ein dynamisches Gleichgewichtsverhältnis als ein geometrisches Symmetrieideal pythagoreischer Färbung hindurchklingt. Aber gerade das ist aufschlußreich. Denn Ähnliches lesen wir später bei Aristoteles schon für Anaximander bezeugt: was in der Mitte seinen Sitz habe, werde wegen der ὁμοιότης an seiner Stelle bleiben (VS A 26). Freilich: diesem Aristoteleszeugnis darf man schwerlich ganz folgen, wie Kahn es erstaunlicherweise für möglich hält,[13] am allerwenigsten auf die Autorität des Hippolytos hin, der ganz geometrisch argumentiert. Schließlich paßt solche ›geometrische Teleologie‹ doch wohl nur, wie an der *Phaidon*-Stelle, zu einer kugelgestaltigen Erdvorstellung. Da aber haben wir für Anaximander das eindeutigste Zeugnis, daß er der Erde die Gestalt eines Säulenstumpfes zuschrieb, wie auch Hippolytos selbst aus der Doxographie berichtet (VS A 25). Eins oder das andere!

Man wird statt des geometrischen einen anderen ursprünglichen Sinn in der ὁμοιότης-These suchen müssen, die Aristoteles bei Anaximander gefunden haben will. Das aber kann nur eine Gleichgewichtsvorstellung der Art gewesen sein, wie sie Platon als Erfindung eines neuen Atlas kritisiert; etwa ein Luftkissen, wie Anaximander (A 20). Daß das ein ursprüngliches Motiv der jonischen Kosmologie gewesen ist, dafür glaube ich nun in der Tat – außer dem flachen Säulenstumpf Anaximanders – einen weiteren Beweis bei Thales zu erblicken. Das einzige, was wir mit Sicherheit über Thales wissen, ist, daß er seine Lehre vom Wasser u. a. auch so gewendet hat, daß die Erde auf dem Wasser schwimme wie ein Stück Holz (VS A 14). Diesem Bericht dürfen wir schon deshalb Authentizität zutrauen, weil Aristoteles ihn kritisiert: als ob es nicht das gleiche Problem bliebe, wieso denn das Wasser, das die Erde trägt (ὀχοῦντος!), ohne zu stürzen an seinem Platz bleibt. Was uns hier bezeugt ist, ist offenbar jene ὁμοιότης, auf die Aristoteles seine Abhebung der Jonier von den Theologen gründet; es ist eine Beobachtung, auf die Thales wie auf einen ›Beweis‹ gewiesen hat: Holz schwimmt auf dem Wasser, so daß das Wasser es gleichsam immer nach oben treibt. Was wir ›Wasserverdrängung‹ nennen, ist offenbar als ein wunderbar natürliches Gleichgewichtsphänomen gedacht worden: das ist keine ὁμοιότης gleicher geometrischer Abstände, wohl aber eine ἰσορροπία – wie der *Phaidon* auch wirklich sagt –, eine ἀντέρεισις, wie es in der Doxographie bei Anaximenes, Anaxagoras und Demokrit heißt (A 20). Anaximenes hat – scheint es – für sein Luftkissen eine nicht minder ingeniöse Apodeixis gebraucht: das Wasser in der Wasseruhr. So greifen wir hinter der Kritik und der pythagoreisierenden Theologie des Platon etwas von einem durchgängigen kosmologischen Motiv der Jonier. Platon läßt in seiner eigenen mythischen Argumentation aus der Symmetrie noch etwas vom Älteren durchscheinen, wenn er von ἰσοῤῥοπία spricht. In Wahrheit verlangt seine eigene theologisch-eidetische ›Kosmologie‹ eine rein geometrische Argumentation: statt eines neuen Atlas war das Sich-Selberhalten des Ganzen zu denken.

Der methodische Grundgedanke, der uns leitet, ist, wie die durchgeführten Beispiele zeigen, daß die platonische Antwort gerade dadurch die Rekonstruktion der Frage erlaubt, die das vorsokratische Denken darstellt, daß ihr noch nicht die adäquate Begrifflichkeit zur Verfügung steht, die von Aristoteles an alle unsere Zeugnisse bestimmt. Unter dem gleichen methodischen Gesichtspunkt wird auch das vielsagend, was Platon in ausdrücklicher Gegenstellung gegen die vorsokratische Tradition über den Begriff der Psyche ausführt. Der Stufengang der Argumentationen, die der platonische *Phaidon* vorträgt, gipfelt in dem Unsterblichkeitsbeweis aus dem Eidos des Lebens. Es ist die allgemeine Einsicht in eidetische Ordnungen, die die Unvereinbarkeit von Psyche und Tod mit der Unvereinbarkeit von Wärme und Schnee parallelisiert. Eine merkwürdige Argumentation. Zwar war die Seinsordnung, der die Seele zugehört, am Wesen des mathematischen Seins entwickelt worden, aber am Ende meint ›Seele‹ das, was alle Älteren auch suchten, ohne es wirklich denken zu können, nämlich die ›Natur‹ der Dinge. Sokrates schildert das ja in seiner bekannten Erwartung und Enttäuschung, die ihm die Schrift des Anaxagoras bereitet hat. Die Idee des Guten wird schon hier sichtbar als das, was alles wahrhafte Erkennen letzten Endes bestimmt. Ohne diese Idee des Guten – und das schließt ein: ohne Seele – läßt sich die Idee der Physis nicht denken. Das ist es, was der Psyche ihre zentrale Stellung im platonischen Denken verschafft. Sie ist, wie das insbesondere im zehnten Buch der *Gesetze* dargelegt wird, das eigentliche Wesen der Natur. Nicht das blinde Genötigtsein oder Zusammengeraten der Dinge darf Natur heißen, sondern die auf das Gute gerichtete Verfassung derselben: Psyche und Techne stehen für das gleiche (892b 7). In solcher Zuspitzung wird man gewiß die Gegenstellung gegen den atomistischen Naturbegriff Leukipps und Demokrits erkennen. Aber auch hier ist wieder die extreme Zuspitzung des Gedankens der Natur als des ›Von selbst‹ ein indirektes wirkungsgeschichtliches Zeugnis für das, was die Älteren meinten, ohne es wahrhaft denken zu können: die Ordnung, die Konstanz und Regelhaftigkeit des Seinsganzen. Das durch Platon eingeführte Techne-Modell macht das sichtbar.

Dazu kommt aber ein zweites. Die Auseinandersetzung mit jener universalen Bewegungslehre, die der *Theätet* bietet, ist ohne Zweifel kein unmittelbares Zeugnis für das ältere Denken der sog. Herakliteer. Vielmehr ist diese universale Bewegungslehre von dem platonischen Eidos-Begriff und dem mit ihm mitgegebenen Seelenbegriff her konstruiert. Platon treibt das ältere Denken in eine radikale Konsequenz, die ihm selbst fernlag. Das spiegelt sich vielleicht am deutlichsten, wie wir vor allem den Erkenntnissen von Hermann Langerbeck verdanken,[14] in der Weise, wie die Seele von den Sinnen unterschieden wird, die ihrerseits dem Bewegungsganzen, das sie perzipieren, angehören. Die Seele erkennt mittels derselben, d. h. aber, sie ist von ihnen unterschieden und in die Seinsdimension hinein geöffnet, in der es wahrhaft Seiendes allein gibt. Hier erst gewinnt der Begriff des Nous und der Noesis seine spezifische Artikulation. Er meint jetzt das Erkennen des wahrhaft Seienden, das sich von dem in der Aisthesis Erfaßten abhebt, das nicht eigentlich seiend, sondern immer anders ist. Wir können daraus schließen – und das ist sicherlich eine der allerwichtigsten Einsichten, die wir aus Platon über die Vorsokratiker gewinnen können –, daß es einen wesenhaften Gegensatz von Aisthesis und Noesis so wenig gab wie einen eindeutigen Begriff der Psyche im platonischen Sinne. Das ist für die Seinslehre des Parmenides nicht minder wichtig wie für den bei Heraklit auftretenden Zusammenhang von Seele und Feuer.[15]

Eine ganz besondere Rolle spielen aber unter unserem methodischen Leitgedanken die sog. Eleatendialoge. Sowohl der *Sophistes* wie der *Parmenides* geben ja den Leuten aus Elea eine überlegene Position, aber nicht so sehr dadurch, daß sie den Seinsbegriff der Eleaten gegen den universalen Heraklitismus ausspielen, als vielmehr dadurch, daß die Eleaten über sich selbst hinausgehen. Es ist die neue Dimension des Logos, die die sokratisch-platonische ist, die mit den eleatischen Mitteln aufgeschlossen wird. Das aber bedingt eine Umbildung der eleatischen Lehre, die wiederum Rückschlüsse auf die ursprüngliche Lehre gestattet.

Zunächst darf man wohl feststellen, daß die Auseinandersetzung mit der Seinslehre des Parmenides, die in den platonischen Dialogen insgesamt vor sich geht, den Akzent vom On auf das Hen verschiebt. Dadurch verwandelt sich aber die eleatische Abweisung des Vielen in die dialektische Aufnahme des Vielen und damit in den Begriff des Seins und des Einen. Denn das Eine ist immer das Eine des Vielen. Damit wird aber das Wesen des Logos erst richtig sichtbar: Denn es ist das Wesen des Logos, in der Weise Eines zu sein, daß er das von ihm Gesagte und Gesetzte nicht einfach nur setzt, sondern von ihm etwas aussagt und damit es zu Vielem macht und von Vielem abhebt und doch als Eines meint.

Ganz ebenso dürfte es mit dem Begriff des Ganzen stehen. Auch dies ist ein Begriff, der, wie der Begriff des Einen, in der parmenideischen Lehre impliziert ist und doch als solcher noch nicht zur Entfaltung seiner Bedeutung gelangt. Erst die platonische Dialektik leistet diese Entfaltung, d.h. sie deckt die innere Wesensdialektik auf, die den Begriff des Ganzen mit dem Begriff der Teile verknüpft.[16] Die Argumentation des *Sophistes*, die den Begriff des Ganzen ebenso dialektisch zersetzt wie den Begriff des Einen, spiegelt im Negativ, wie sich das eine Ganze des parmenideischen Seins noch in der Anschauung hielt und auf die ganze Dimension von Onoma und Logos und ihre dialektischen Implikationen kein eigenes Licht fallen ließ.

Wie wenig sich die damit aufgeschlossene Dimension des Logos ihrer Andersartigkeit gegenüber dem bisherigen Denken bewußt war, zeigt sich in der Durchführung des *Sophistes* sehr deutlich. Die alles tragenden Verbindungsbegriffe, die den Logos als Logos ausmachen, Sein und Nichtsein, Selbigkeit und Andersheit, deren Verflechtung miteinander Logos überhaupt nur möglich macht, stehen neben zwei anderen obersten Gattungsbegriffen, die ganz anderer Art und Herkunft sind: Bewegung und Ruhe. Gewiß werden auch sie hier zur Analyse der Struktur des Logos aufgeboten, sofern nur ein Unveränderliches, Ruhendes Gegenstand der Erkenntnis sein kann und Erkenntnis ihrerseits nicht möglich ist, ohne daß sich im Sein Unterschiede auftun, d. h. Veränderung oder Bewegung stattfindet. Mühsam genug, in dieser Weise den heraklitisch-eleatischen Gegensatz, den Platon konstruiert hat, zu Strukturmomenten des Logos zu formalisieren – lehrreich genug für uns, sofern sich daraus zurückschließen läßt, wie die Phänomene des Logos, der Erkenntnis, der Seele im Ganzen des älteren Denkens noch ununterschieden waren vom Seienden, d. h. von dem, was als das Erkannte das Sein ausmachte. Das aber bedeutet: Der Gegensatz von Physis und Psyche und damit der Begriff der Physis wie der der Psyche sind erst von der platonischen Fragestellung aus überhaupt zu gewinnen.

Wirft man nun einen Blick auf die ausdrückliche Diskussion des älteren Denkens, die der Fremde aus Elea im platonischen *Sophistes* vornimmt, und auf das Geschichtsbild, das dort von den Vorsokratikern faßbar wird, so macht man zwei erstaunliche Beobachtungen. Die eine ist, daß wir hier zuerst die durch Aristoteles und den Peripatos herrschend gewordene Behandlung der Geschichte der Philosophie finden. Das peripatetische Geschichtsbild, das die Doxographie bestimmt, hat im *Sophistes* eine entscheidende Vorprägung, indem der Fremde nach dem ursprünglich Seienden in der Weise fragt, daß er zählt und aufzählt, wie vieles und was als ursprünglich Seiendes angenommen worden ist (Soph. 242c–243b). Das ist die aus Aristoteles uns wohlvertraute Fragestellung, die insbesondere in einer noch zu erörternden Weise im ersten Buch der *Physik* auftritt. Die Übereinstimmung, die hier zwischen Aristoteles und dem Schema des *Sophistes* besteht, läßt es m. E. sogar wahrscheinlich werden, daß der *Sophistes* einen aus dem platonischen Unterricht bekannten Gedankengang, wenn auch in ironischer Umfärbung, abbildet.[17]

Das zweite, das eben durch die *Sophistes*-Schilderung hindurch sichtbar wird, betrifft unser altes Problem von Werden und Sein, Kosmogonie und Kosmologie. Was der Fremde aus Elea an den phantasievollen Genealogen mit ironischem Respekt auszusetzen hat, ist, daß diese erfindungsfreudigen Erzähler von Geburten und Hochzeiten sich dafür zu gut waren, sich um das schlichte Verständnis der Heutigen zu sorgen. Was das Sein eigentlich meint, das auf diese Weise zustande gekommen sein soll, haben sie nicht gesagt. Ein indirektes Zeugnis, wie ich meine, daß all diese Geschichten vom Werden, Zeugen und Entstehen des Seins, indem sie sich der theogonischen Schematik bedienten, gewiß nichts anderes wollten, als das Sein selber verständlich zu machen – und doch eben dadurch es unverständlich bleiben ließen.

Es scheint nämlich eine vollständige Disjunktion, die durch die Begriffe Ruhe und Bewegung dargestellt ist, und der Fremde fragt – es ist wie ein Gipfel der Verlegenheit –, wie sich außerhalb dieser beiden das Sein selber zeigen solle (Soph. 250d). Unzweifelhaft ist es diese Verlegenheit über das Sein, auf die sich Heidegger in *Sein und Zeit* berief. Aber freilich meint ›Sein‹ hier nicht jene Dimension der Aletheia, deren Verdecktheit nach Heidegger das Wesen der Metaphysik ausmacht – ›Sein‹ meint vielmehr hier alles Seiende – das entweder in Ruhe oder in Bewegung sein muß – und deutet hinaus auf all das, von dem wir *sagen*, daß es ist, also auf das im Logos begegnende Sein, das sich in dem Gegensatz von Ruhe und Bewegung nicht fassen läßt.

Auch hier wird man sagen dürfen, daß die Umbildung des eleatischen Seinsbegriffs am Leitfaden des Logos noch nicht zu ihrer adäquaten Begrifflichkeit vorgetrieben ist. Die Vielheit, die in das Sein gekommen ist und den Pluralismus der Ideen möglich macht, beruht zwar grundsätzlich auf der Anerkennung des Nichtseins im Sein, aber dieses Nichtsein schwankt bei Platon zwischen der formalen Kategorie des Andersseins und der inhaltlichen Kategorie der Veränderung bzw. der Bewegung. Genau das aber ist der Punkt, an dem erst Aristoteles zur vollen Auflösung der eleatischen Seinsschranke durchstößt. Er deutet das Nichtsein im Bereiche der inhaltlichen Bestimmung des Seienden als ›der Möglichkeit nach Sein‹ bzw. als das Fehlen dessen, was das volle Sein ausmacht, d. h. das ›Noch-Nicht‹ des Eidos.

Hier zeigt sich der entscheidende Schritt, den Aristoteles über das Pythagoreertum des *Timaios* hinaus tut. Er erkennt: Die Ordnung der Natur ist in sich nicht angemessen bestimmt, wenn man in ihr die Einbildung eines intelligiblen Kosmos in ein beschränkend Unbestimmtes denkt (das alte Gegensatzpaar von Peras und Apeiron der Pythagoreer). Was Aristoteles sieht, ist vielmehr, daß der Gegensatz von Nochnichtsein und voller Gegenwart des Eidos nicht der abstrakte Gegensatz des Unbestimmten und seiner Bestimmung ist, sondern daß das Noch-Nicht selber in die Sphäre des Eidos gehört und als ›Steresis‹ einen eigenen ›Anblick‹ darstellt, den das Seiende bietet, und daß dieser das eigentliche Sein der Natur mitausmacht. Das Techne-Modell wird damit charakteristisch umgebildet, sofern nicht, wie in der Techne, das fertige Produkt das eigentlich Seiende ist, ›an sich‹ als fertig zum Gebrauch, sondern das im Hervorkommen Befindliche.

Es ist in jeder seiner Phasen Natur. Natur ist, selbst wenn man sie als das Sich-selbst-Herstellen bestimmen kann, nicht wirkliche Techne. Da ist es nicht so wie beim Künstler, der aus der Beliebigkeit des – freilich ›geeigneten‹ – Materials nach Belieben das oder das herstellen kann. Auch da gilt: die Materie ist ›noch nicht‹ das Werk, aber dies ›Noch-Nicht‹ ist ein anderes als das Noch-Nicht der natürlichen Dinge, die ihrer Reife entgegenreifen oder den Spielraum ihrer ›natürlichen‹ Bewegung erfüllen. Platons Weise, das Sein von der Techne her zu denken, kann dies nicht voll einlösen. Die ›wirkliche‹ Natur ist nicht eine Trübung des wahren Seins, wie sie bei der Einbildung intelligibler Strukturen in ein widerständiges Medium in Kauf genommen werden muß – sie ist das Sein der Dinge selbst, wie sie von ihrem Ursprung her sind. So stellt sich der Sinn von Arche, Anfang und Ursprung, der das frühe Denken beherrscht, bei Aristoteles wieder her, indem Aristoteles sich gegen das Techne-Modell der platonischen Fabel abgrenzt. Gleichwohl hält er die Auffassungsform von der Techne her fest und zwingt damit dem frühen Denken den ihm ganz unangemessenen Begriff der Hyle auf.

Anmerkungen

1 Helmut Kuhn, *Sokrates*, München ²1960, S. 129. – Wie sehr mich schon vor Jahrzehnten der methodische Grundgedanke des Kuhnschen Buches beeindruckt hat, bezeugt meine Rezension desselben *Deutsche Literaturzeitung* 57 (1936) S. 96–100 (wiederabgedr. in GW, Bd. 5, S. 322–326).

2 *Wahrheit und Methode*, Tübingen 1960 (vgl. GW, Bd. 1), vor allem S. 284 ff.

3 Theät. 179de.
4 Vgl. meine Arbeit: »Zur Vorgeschichte der Metaphysik«, in: *Anteile. Martin Heidegger zum 60. Geburtstag*, Frankfurt a. M. 1950, S. 51–80 (vgl. GW, Bd. 6, S. 9–29).
5 Phaid. 96a ff.; Theät. 152d ff., 180c ff.; Soph. 242c ff.
6 Vgl. Erich Frank, *Plato und die sogenannten Pythagoreer*, Halle 1923, S. 118 ff.
7 Vgl. Plutarch, Moralia, De fato 568c. Die Bedeutung dieser zuverlässigen Überlieferung liegt darin, daß die ›Entmythologisierer‹ durch Stellen wie Soph. 243ab keineswegs beirrt wurden. Auch das nahmen sie also nicht ernst!
8 Soph. 242c ff.
9 *Hermes* 81 (1953) S. 257 ff., 385 ff.; wiederabgedr. in: Uvo Hölscher, *Anfängliches Fragen. Studien zur frühen griechischen Philosophie*, Göttingen 1968.
10 Geoffrey S. Kirk, in: Kirk / J. E. Raven, *The presocratic philosophers*, Cambridge 1957, S. 121 ff. – Charles H. Kahn, *Anaximander and the origins of Greek Cosmology*, New York 1960, S. 46 ff. Doch vgl. Jula Kerschensteiner, *Kosmos*, München 1962, die die doxographisch einwandfreie Überlieferung mit Recht verteidigt: S. 38 ff.
11 Tim. 31a f.
12 Heribert Boeder, *Grund und Gegenwart als Frageziel der frühgriechischen Philosophie*, Den Haag 1962, S. 23 f.
13 Kahn, *Anaximander and the origins of Greek Cosmology*, S. 76 ff.
14 Hermann Langerbeck, »ΔΟΧΙΣ ΕΠΙΡΥΣΜΙΗ. Studien zu Demokrits Ethik und Erkenntnislehre«, in: *Neue philologische Untersuchungen* 10 (1935).
15 Vgl. meine späteren Arbeiten zu Heraklit, vorl. Ausg. S. 34–100 und GW, Bd. 7 (»Hegel und Heraklit«, S. 32–42).
16 Soph. 244d ff. Als platonisch – auf die mündliche Lehre zurückweisend? – ist daher auch die von Arist., Phys. A 2, 185b 11–16, angeführte Aporie anzusehen. Vgl. dazu vor allem Phileb. 14de.
17 Die Ironie der Wendung ἡμῖν ὠλιγώρησαν, Soph. 243a 6, kehrt wörtlich bei Aristoteles, Met. B 4, 1000a 10 (gegen die Theologen gebraucht), wieder. *Sophistes*-Zitat? Oder – *Platon*zitat?

Die griechische Philosophie und das moderne Denken

Die griechische Philosophie und das moderne Denken – das ist ein Thema, das sich von jeher insbesondere der deutschen Philosophie gestellt hat. Man hat geradezu von der Gräkomanie des deutschen Philosophierens gesprochen, und das Wort ist sicherlich nicht nur für Heidegger oder die Marburger Schule des Neukantianismus gültig. Es ist ebenso für die große Bewegung des deutschen Idealismus selber gültig, der – von Kant inspiriert – von Fichte, Schelling und Hegel eine unmittelbare Rückwendung zu den Denkanstößen der platonischen und aristotelischen Dialektik unternommen hat. Indessen ist eine solche Konfrontation für das moderne Denken in einer besonderen Weise eine doppelsinnige Herausforderung. Auf der einen Seite sollte man nie vergessen, daß griechische Philosophie nicht Philosophie in jenem engen Sinne meint, den wir heute mit dem Wort verbinden. Philosophie meinte das Ganze theoretischen und damit wissenschaftlichen Interesses, und es ist kein Zweifel, daß es die Griechen waren, die durch ihr eigenes Denken eine weltgeschichtliche Entscheidung eingeleitet und den Weg der modernen Zivilisation durch die Schaffung der Wissenschaft entschieden haben. Was das Abendland, was Europa, die sogenannte ›westliche Welt‹, von den großen hieratischen Kulturen der asiatischen Länder unterscheidet, ist ja gerade dieser neue Aufbruch des Wissenwollens, der mit der griechischen Philosophie, mit der griechischen Mathematik, mit der griechischen Medizin, mit dem Ganzen ihrer theoretischen Neugier und ihrer intellektuellen Meisterschaft verbunden ist. So ist für das moderne Denken die Konfrontation mit dem griechischen Denken für uns alle eine Art Selbstbegegnung.

In diesem Denken bedeutet das Daheimsein des Menschen in der Welt, die innere Entsprechung zwischen dem Heimischwerden und Sich-heimisch-Machen, das den Handwerker, den Könner, den Schöpfer neuer Gestaltungen und Formen, den *technites*, den Mann, der eine Technik beherrscht, auszeichnet, zugleich die Findung seines eigenen Platzes. Dafür bedarf es der Findung des ihm eröffneten Frei-Raumes von Gestaltung inmitten einer vorgegebenen Natur, einer selbst in Formen und Gestalten geordneten Ganzheit der Welt. So ist Philosophie im griechischen Aufbruch denkendes Gewahrwerden der ungeheuren Ausgesetztheit des Menschen in das Da, in diese schmale Sparte von Freiheitsraum, die das geordnete Ganze des Naturlaufes dem menschlichen Wollen und menschlichen Können läßt. Aber eben diese Ausgesetztheit wird im Denken bewußt und führt zu dem Stellen so ungeheurer Fragen wie der: Was war am Anfang? Was heißt es, daß etwas ist? Was heißt es, daß nicht nichts ist? Heißt nichts etwas? Das Stellen dieser Fragen ist der Beginn der griechischen Philosophie, und ihre Grundantworten heißen: *Physis*, Von-sich-aus-Da-Sein, in der Ordnung des Ganzen, und *Logos*, Einsicht und Einsichtigkeit dieses Ganzen, einschließend auch noch den Logos der menschlichen Kunstfertigkeit. So aber steht das griechische Bild der Philosophie in der Konfrontation mit der modernen Wissenschaft fast wie ein Antipode da und nicht nur als ein Vorläufer und Eröffner der Bahn des theoretischen Könnens und Bewältigens. Es ist die Konfrontation zwischen der verständlichen Welt und der beherrschbaren Welt, die uns am griechischen Denken bewußt wird.

Das war der große Einbruch, der im 17. Jahrhundert mit der Schöpfung der galileischen Mechanik, mit der Reflexion des neuen Erkenntniswillens und Erkenntnisweges durch die großen Forscher und Denker des 17. Jahrhunderts begonnen hat. Die Welt ist nunmehr der Gegenstand methodischer Erforschung durch die mathematisch konzipierte und abstrakt-isolierende Fragestellung der modernen Experimentalwissenschaft. Wenn man dies Neue auf eine Formel bringen will, kann man sagen, daß es die Preisgabe des Anthropomorphismus der griechischen Weltbetrachtung gewesen ist. So großartig einfach und überzeugend die Physik der aristotelischen Tradition auch war, die uns erzählt, daß das Feuer nach oben geht, weil es seine Natur ist, da oben sein zu wollen, und daß der Stein nach unten fällt, weil er erst dort zu Hause ist, wo er unten ist – diese vom Menschen und seinem Selbstverständnis her artikulierte Deutung der Natur war, wie wir wissen und wie sich niemand, der unserer modernen Welt angehört, verbergen kann, eine anthropomorphistische Verdeckung der Möglichkeiten des Weltzugriffs und der Weltbewältigung durch Erkennen.

Wenn die moderne Wissenschaft nicht durch irgendein nachkommendes Interesse, sondern durch die eigene Art ihres Weltzugangs auf Technik, auf Formen, Machen, Verändern, Konstruieren angelegt war, so besteht daneben dennoch das Erbe der antiken Philosophie fort – in der offenbaren Tatsache, daß wir unsere Welt als eine verständliche und nicht nur als eine beherrschbare ansehen möchten und anzusehen genötigt sind. Im Gegensatz zu dem Konstruktivismus der modernen Wissenschaft, die nur das für erkannt und verstanden hält, was sie reproduzieren kann, ist der griechische Wissenschaftsbegriff durch die Physis charakterisiert, durch den Horizont des sich von sich aus zeigenden und in sich geregelten Daseins der Ordnung der Dinge. Die Frage, die sich uns durch die Konfrontation des modernen Denkens mit diesem griechischen Erbe stellt, ist daher, wieweit das antike Erbe eine Wahrheit anbietet, die sich uns unter den besonderen Erkenntnisbedingungen der Neuzeit verdeckt hält.

Wenn wir den Unterschied, der sich hier auftut, an einem Worte zeigen wollen, so ist es das Wort ›Gegenstand‹. Das scheint für uns mindestens in dem Fremdwort Objekt und Objektivität eine selbstverständliche Voraussetzung des Erkenntnisbegriffs, daß wir ›Gegenstände‹ erkennen, d. h. in der Weise einer objektiven Erkenntnis in ihrem eigenen Sein zur Erkenntnis bringen. Die Frage, die uns die antike Tradition und das antike Erbe aufgibt, ist, wieweit diesem Unternehmen der Vergegenständlichung Grenzen gesetzt sind. Gibt es eine prinzipielle Ungegenständlichkeit, die sich dem Zugriff moderner Wissenschaft mit innerer Sachnotwendigkeit entzieht? Ich möchte an einigen Proben zu illustrieren suchen, daß es in der Tat das aktuelle und fortdauernde Erbe des griechischen Denkens ist, sich der Grenzen der Vergegenständlichung bewußt zu sein.

Das führende Beispiel für dieses Thema scheint mir die Erfahrung des Leibes zu sein. Was wir ›Leib‹ nennen, ist ganz gewiß nicht die *res extensa* der cartesianischen Bestimmung des *Corpus*. Die Erscheinungsweise des Leibes ist nicht bloße mathematische Ausgedehntheit. Sie ist vielleicht auf eine wesenhafte Weise der Vergegenständlichung entzogen. Denn wie begegnet die Leiblichkeit dem Menschen? Begegnet sie ihm nicht nur dann in ihrem Entgegenstehen und damit in ihrer möglichen Gegenständlichkeit, wenn sie gestörte Funktion ist? Als Störung des Weggegebenseins an die eigene Lebendigkeit, in Krankheit, Mißbehagen und so weiter, meldet sie sich. Der Konflikt, der damit zwischen der natürlichen Leib-Erfahrung, diesem geheimnisvollen Vorgang der Unmerklichkeit des Wohlseins und Gesundseins, und der Anstrengung des Beherrschens des Unwohlseins durch Vergegenständlichung gesetzt ist, wird von jedermann erfahren, der sich in die Situation des Objektes, in die Situation des durch technische Mittel behandelten Patienten versetzt sieht. Es drückt das Selbstverständnis unserer modernen medizinischen Wissenschaft aus, die Störungen, die der Vergegenständlichung sich anbietenden Aufsässigkeiten der Leiblichkeit, mit den Mitteln der modernen Wissenschaft beherrschbar zu machen.

In Wahrheit ist der Begriff ›Gegenständlichkeit‹ und ›Gegenstand‹ für das unmittelbare Verständnis, in dem der Mensch sich in der Welt heimisch zu machen sucht, so fremd, daß die Griechen dafür charakteristischerweise überhaupt keinen Begriff hatten. Sie konnten kaum auch nur von einem ›Ding‹ sprechen. Was sie als griechisches Wort in diesem ganzen Bereich zu gebrauchen pflegten, ist das uns als Fremdwort nicht ganz fremde Wort *pragma*, das heißt das, worein man in der Praxis des Lebens verwickelt ist, was also nicht gegenübersteht und entgegensteht als etwas zu Überwindendes, sondern worin man sich bewegt und womit man es zu tun hat. Das ist eine Orientierung, die in der modernen, durch die Wissenschaft strukturierten Weltbemächtigung und in der auf sie gegründeten Technik an den Rand gedrängt ist.

Ein zweites Beispiel – und ich nehme ein besonders provozierendes – ist die *Freiheit* des Menschen. Auch sie ist von dieser Struktur, die ich als essentielle Ungegenständlichkeit bezeichnete. Das ist freilich nie ganz vergessen worden, und der größte Denker des Freiheitsgedankens, den es wohl gegeben hat, ich meine Kant, hat mit vollem Bewußtsein der Grundorientierung der modernen Wissenschaft und ihren theoretischen Erkenntnismöglichkeiten gegenüber gerade dies entwickelt, daß die Freiheit nicht mit theoretischen Erkenntnismöglichkeiten erfaßbar und beweisbar ist. Freiheit ist kein Faktum in der Natur, sondern, wie er es in herausforderndem Paradox formuliert hat, ein Vernunftfaktum, etwas, was wir denken müssen, weil wir uns, ohne uns als frei zu denken, überhaupt nicht mehr verstehen können. Freiheit ist das Faktum der Vernunft.

Indessen, es gibt im Bereich des menschlichen Handelns nicht nur diesen einen Grenzfall aller Gegenständlichkeit. Ich glaube, die Griechen hatten recht, wenn sie neben das Faktum der Vernunft das gesellschaftliche Geformtsein, das *Ethos* stellen. *Ethos* ist der Name, den Aristoteles dafür gefunden hat. Die Möglichkeit der bewußten Wahl und der freien Entscheidung ist durch etwas, was wir immer schon sind, immer mitgetragen – und wir sind uns selbst nicht ›Gegenstand‹. Es scheint mir eines der großen Vermächtnisse des griechischen Denkens für unser Denken, daß die griechische Ethik auf diesem Grunde des wirklich gelebten Lebens einem Phänomen breiten Raum gelassen hat, das es in der Neuzeit kaum noch als Thema der philosophischen Reflexion gibt; ich meine das Thema der Freundschaft, der *philia*. Das ist ein Wort, das für uns einen so engen Begriffsklang bekommen hat, daß wir es erst ausweiten müssen, um zu wissen, was dabei überhaupt gemeint ist. Vielleicht genügt es, an das berühmte pythagoreische Wort zu erinnern: ›Zwischen Freunden ist alles gemeinsam.‹ Freundschaft ist in der philosophischen Reflexion ein Titel für Solidarität. Solidarität aber ist eine Form der Welterfahrung und der gesellschaftlichen Wirklichkeit, die man nicht machen, die man nicht durch vergegenständlichende Bemächtigung planen und durch künstliche Institutionen herbeiführen kann. Denn Solidarität liegt im Gegenteil allem möglichen Gelten und Wirken von Institutionen, von Wirtschaftsordnungen, Rechtsordnungen, gesellschaftlichen Sitten voraus, trägt sie und macht sie möglich. Das weiß nicht zuletzt der Jurist. Das scheint mir der Wahrheitsaspekt, den in diesem Falle wiederum das griechische Denken für das moderne Denken bereithält.

Und nun ein drittes, damit zusammenhängendes Phänomen: ich meine die Rolle, die das *Selbstbewußtsein* im modernen Denken spielt. Das ist bekanntlich der eigentliche Drehpunkt modernen Denkens, daß das Selbstbewußtsein den methodischen Primat besitzt. Methodische Erkenntnis ist für uns ein selbstbewußtes, jeden Schritt unter Selbstkontrolle vollziehendes Vorgehen. So ist seit Descartes Selbstbewußtsein der Punkt, an dem sich Philosophie gleichsam ihre letzte Evidenz und der Gewißheit der Wissenschaft ihre äußerste Legitimation verschafft. Aber hatten nicht die Griechen recht, wenn sie sahen: Selbstbewußtsein ist ein Sekundär-Phänomen gegenüber der Welthingegebenheit und Weltoffenheit, die wir Bewußtsein, Erkenntnis, Öffnung für die Erfahrung nennen? Hat uns nicht die moderne Entwicklung der Wissenschaft gerade an den Aussagen des Selbstbewußtseins Zweifel zu hegen gelehrt? Nietzsche hat gegen jenen radikalen Zweifel der cartesianischen Erkenntnisbegründung gesagt: Es muß gründlicher gezweifelt werden. Freud hat uns gelehrt, wie viele Maskierungen von Lebenstendenzen sich uns im Selbstbewußtsein verstekken. Die Gesellschaftskritik, die Ideologiekritik haben uns gezeigt, wie viele vom Selbstbewußtsein für selbstverständlich und fraglos gehaltene Gewißheiten Spiegelungen ganz anderer Interessen und Wirklichkeiten sind. Kurz: daß das Selbstbewußtsein den fraglosen Primat besitzt, den ihm das moderne Denken der Neuzeit zugewiesen hat, darf mit Fug bezweifelt werden. Auch hier scheint mir das griechische Denken in der großartigen Selbstvergessenheit, mit der es das eigene Denken-Können, das eigene Welterfahren als das große aufgeschlagene Auge des Geistes denkt, einen prinzipiellen Beitrag zur Begrenzung der Illusionen der Selbsterkenntnis bereitzuhalten.

Nehmen wir von da aus weitergehend ein Letztes in den Blick, das gerade in der Diskussion der zeitgenössischen Philosophie ganz in den Vordergrund getreten ist und das sich ebenfalls von dem Begriff der Gegenständlichkeit und der Vergegenständlichung aus nur mit Zwang und Gewalt festhalten läßt: ich meine das Phänomen der *Sprache*. Die Sprache ist, wie mir scheint, eines der überzeugendsten Phänomene von Ungegenständlichkeit, sofern essentielle Selbstvergessenheit den Vollzugscharakter des Sprechens charakterisiert. Es ist immer schon eine technische Verformung, wenn die moderne Thematisierung der Sprache in Sprache ein Instrumentarium, ein Zeichensystem, ein Arsenal von Kommunikationsmitteln erblickt, als ob man diese Instrumente oder Mittel des Sprechens, Worte und Wortfügungen in einer Art Vorrat bereithielte und auf etwas, das einem begegnet, lediglich anzuwenden hätte. Hier ist das griechische Gegenbild von überwältigender Evidenz. Die Griechen hatten überhaupt kein Wort für Sprache. Sie hatten nur ein Wort für die Zunge, welche die Laute hervorruft – *glotta* –, und ein Wort für das durch Sprache Mitgeteilte: *logos*. Mit Logos ist genau das in den Blick gerückt, worauf die innere Selbstvergessenheit des Sprechens wesenhaft bezogen ist, die durch das Sprechen evozierte, in die Präsenz gehobene, in die Verfügbarkeit und kommunikative Teilhabe gestellte Welt selbst. Im Sprechen über die Dinge sind die Dinge da, im Sprechen und Miteinander-Sprechen baut sich die Welt und die Welterfahrung des Menschen auf, und nicht in einer Vergegenständlichung, die sich gegenüber der kommunikativen Übermittlung der Einsichten des einen an die Einsichten des anderen auf Objektivität beruft und Wissen für jedermann sein will. Die Artikulation der Welterfahrung im Logos, das Miteinander-Reden, die kommunikative Sedimentierung unserer Welterfahrung, die alles umfaßt, was wir miteinander austauschen können, bilden eine Form des Wissens, die immer noch neben dem großen Monolog der modernen Wissenschaften und ihrer wachsenden Ansammlung von Erfahrungspotential die andere Hälfte der Wahrheit darstellt. So besitzt das Thema der Konfrontation der modernen Wissenschaftsidee mit dem griechischen Philosophie-Gedanken eine dauerhafte Aktualität. Denn es geht um die Einformung der großartigen Resultate und Könnens-Leistungen moderner Erfahrungswissenschaft in das gesellschaftliche Bewußtsein, in die Lebenserfahrung des einzelnen und der Gruppe. Diese Einformung geschieht aber am Ende nicht selber wiederum durch die Methoden der modernen Wissenschaft und ihren Weg der beständigen Selbstkontrolle. Sie vollzieht sich in der Praxis des gesellschaftlichen Lebens selbst. Sie muß immer in ihre Verantwortung zurückholen, was in die Macht des Menschen gestellt ist, und hat die Grenzsetzungen zu verteidigen, die die menschliche Vernunft der eigenen Macht und Waghalsigkeit entgegensetzt. Es bedarf keines Beweises, daß auch für den Menschen unserer Tage in diesem Sinne die verständliche Welt, die Welt, in der man heimisch ist, die letzte Instanz bleibt, so sehr auch die moderne Industrie und Technik sich über den ganzen Globus ausbreitet.

Der Naturbegriff
und die Naturwissenschaft

Dieses Thema geht einen Forscher besonders an, der die antike Welt zu einem seiner wichtigsten Forschungsfelder gewählt hat, und geht unsere Gegenwart an, das Zeitalter der Wissenschaft und der Herrschaft der industriellen Revolution. Es wird zugleich zum Ansatz der grundsätzlichen Zweifelsfrage, ob die griechische Wissenschaft in dem selben Sinne Wissenschaft ist, wie es die modernen Naturwissenschaften sind. Wir haben zwar gelernt, auch den Weg der Forschung in den modernen Wissenschaften als ein geschichtliches Thema zu sehen und sogar seit Thomas Kuhn von Revolutionen in der Wissenschaft, statt vom bloßen Fortschritt, zu reden. Das zitierte berühmte Buch, *Die Struktur wissenschaftlicher Revolutionen*, ist freilich von seinem Autor gerade mit der überraschenden Motivation eingeführt worden, daß ihm die aristotelische Physik als ein so einleuchtendes Ganzes erschienen sei, daß die moderne Wissenschaft in der ganzen Vielfalt ihrer Revolutionen gegenüber der aristotelischen nur eine einzige große Revolution darstelle. Ich wage dazu die Frage: Ist beides im gleichen Sinne Wissenschaft? Was ist hier Wissenschaft und was ist dort Wissenschaft? Gibt es da zwei Fronten derselben Wissenschaft und kann es da eine Konfrontation geben?

Die Frage drängt sich mit doppelter Dringlichkeit auf, seit wir unsere Frage nicht mehr durch den europäischen Horizont begrenzen können, in dem Europa sein eigenes griechisches Erbe erkannt und gepflegt hat. Die moderne Wissenschaft ist heute eine planetarische Wirklichkeit. Sie ist zwar von Europa ausgegangen, aber auch ihre Einwirkung auf die Lebensformen anderer Kulturkreise als den europäischen darf heute nicht vergessen werden. Das griechische Erbe, dessen Nachfolge Europa und seine Wissenschaftskultur angetreten hat, findet sich in der modernen Welt vor ganz neue Konfrontationen gestellt, seit Kulturen, die weit älter sind als die europäische, mit den Erfolgen und den Folgen der modernen Wissenschaft zu leben beginnen. So wird auch unsere Frage nicht von der einen Konfrontation allein abhängen, die auf die europäische Geschichte und ihre neuzeitliche Wendung zurückgeht. Wir können es vielmehr gar nicht übersehen, daß im Hintergrund dieser Frage die Konfrontation unserer eigenen Welt und ihrer christlichen Herkunft mit außereuropäischen Kulturkreisen anderer religiöser Tradition steht, mit denen wir zusammenzuleben beginnen. Das ist freilich ein noch viel weiteres Thema, mit dem selbst der ökumenische Auftrag der christlichen Botschaft auf die Probe gestellt wird. Um so gewichtiger bleibt es, sich nach der Entstehung der modernen Wissenschaft und ihren griechischen Anfängen zu fragen. Ein Europa hat es damals noch gar nicht gegeben. Dieses kleine Griechenland, dessen Kulturerbe wir mit uns tragen, war ja anfangs selber nur eine Randfigur, das mit so großen Kulturen wie denjenigen Ägyptens, Persiens und Babyloniens benachbart war. Erst in unserem Jahrhundert ist die vorgriechische Frühzeit in ihrer ganzen Weite und ihrem Reichtum an Kultur und Überlieferung in den Gesichtskreis der europäischen Menschen getreten. Wir haben daraus eine ganz wesentliche Erkenntnis gewonnen, die den Anfang der Philosophie in Griechenland betrifft. Wir wissen inzwischen viel von ägyptischer Mathematik und Astronomie und nicht minder viel von babylonischer Mathematik, und was die Astronomie betrifft, so sind die Spuren ältester Sternbeobachtung in unbestimmbaren Zeiten in Wahrheit über den ganzen Planeten verstreut. Unter diesem letzteren Gesichtspunkt werden wir sogar weit hinter alle sprachliche Überlieferung zurückgewiesen.

Soll das nun heißen, daß die Wissenschaft so viel älter ist, oder müssen wir uns fragen, ob Wissenschaft für uns nicht einen besonderen Sinn hat, der sie am Ende zum europäischen Schicksal und vielleicht zum Menschenschicksal hat werden lassen? Es ist ja obendrein nicht nur die Wissenschaft, um deren Anfänge es dabei geht. Es ist ja zugleich der Begriff der Philosophie, der mit den Anfängen der griechischen Wissenschaft verschwistert ist. Man wird kaum ein größeres Indiz für die Neuartigkeit dieser Frage nach einem Anfang Europas benennen können als die Bedeutung des Alphabets, dessen Entstehung und Fortentwicklung mit den griechischen Anfängen aufs engste zusammenhängt. Auf diesem Gebiet stehen wir noch in den Anfängen der Besinnung. Es geht hier nicht allein um die schriftliche Überlieferung, die seit der Entzifferung der Keilschrift unseren Horizont erweitert hat. Es geht vor allem um die rasche Rezeption und Entwicklung des Alphabets, die die literarische Überlieferung der griechischen Kultur eröffnet. So sehen wir uns zunächst darauf zurückverwiesen, wie die Griechen selber über Anfänge gedacht haben, und wenn etwas ihre eigene Situation richtig beleuchtet, dann ist es doch wohl die berühmte Antwort, die Solon in Ägypten erhalten haben soll, als er sich dort über die Anfänge, Herkunft und Vergangenheit der dortigen Kultur informieren wollte. Da bekam er nach Platon die berühmte Antwort: »Ihr Griechen seit doch immer Kinder«, so ahnungslos, so unwissend, so unangepaßt an die im Dunkel der Vergangenheit verdämmernden Jahrhunderte und Jahrtausende.

Befragen wir den Meister derer, die da wissen, und das ist Aristoteles. Er schreibt den Anfang der Philosophie der Kultur von Milet zu. Ob freilich der erste, der nach Aristoteles dort Philosophie getrieben haben soll, überhaupt schon eine schriftliche Fixierung seines Denkens hinterlassen hat, ist ganz ungewiß. Immerhin wissen wir ungefähr, wann die Kultur Milets ihren Aufschwung nahm, wie das mit dem Kolonialzeitalter zusammenhängt, in dem die gesamte Mittelmeerkultur und ihre Küsten mit griechischen Siedlungen und Neugründungen bevölkert wurden. Suchen wir nun aber bei Aristoteles Rat, so haben wir es sogleich mit einer langen und weitreichenden Überlieferungskette zu tun. Vor allem ist es die aristotelische Physik selber und deren Kommentierung, die in weitem Umfange die Grundlage unseres Wissens über die Anfänge der Philosophie bildet. Daß die schriftliche Fixierung der epischen Überlieferung, also Homer und Hesiod, bereits in das Zeitalter der Schriftlichkeit fällt, steht ja außer allem Zweifel. Die Nachwirkungen der homerischen Sprache und die Nachwirkungen der kosmogonischen Erzählungen von Hesiod haben ohne Frage die aufwachsende Stadtkultur des griechischen Kolonialzeitalters mitbestimmt. Von jetzt an bleibt Aristoteles und die an ihn anschließende schulbildende und geschichtsbildende Kraft seines Denkens nicht nur die Quelle unseres Wissens, sondern bedeutet auch die Bevormundung unseres Verstehens.

Gewiß hat Aristoteles die ersten ›Theologen‹ ausdrücklich gegen den ersten der Philosophen abgehoben, der nach seinen Worten Thales von Milet war. Aber Aristoteles hatte sich die Begriffe bereitgestellt, unter denen die ersten Anfänge von Wissenschaft und Philosophie von ihm begriffen wurden. So meint jedermann geradezu zu wissen, daß nach Thales am Anfang das Wasser war, aus dem sich dann erst die anderen Elemente, Erde und Luft und die leuchtende Wärme der Gestirne, entwickelt haben. Aristoteles hat für all das den Begriff der Materie, der Hyle, eingeführt. Das ist freilich alles andere als ein angemessenes Schema der ersten Philosophie des Abendlandes. Daß Thales von Legenden umrankt ist, konnte bei der Auszeichnung, die ihm Aristoteles verliehen hat, in der Folgezeit nicht ausbleiben, und so wissen wir nie, wieviel hier einfach zurückdatiert ist. Wie man von dem ersten Anfang des Universums mit dem Wasser zu dem Ganzen den Weg finden will, darüber finden wir bei Thales in den aristotelischen Berichten kaum einen Wink. Am ehesten klingt es nach einer originären Beobachtung, die auf die These mit dem Wasser zurückweist, und das ist, daß das Wasser die Erde trage. Darin könnte eine echte Beobachtung liegen, daß das Wasser das Urmeer meint, das das feste Land trägt. Es trägt eben alles, wenn es nicht gar zu schwer ist, so daß es auf dem Wasser zu schwimmen vermag. Der auf dem Wasser schwimmende Balken scheint mir wie ein erster Wink für das Rätsel des Gleichgewichts, das sich immer wieder herzustellen sucht. Man mag den Balken noch so tief hinunterdrücken, er kommt doch wieder nach oben. Ich führe das nur aus, um überhaupt eine mögliche Anknüpfung an den Vorrang des Wassers im Text des Aristoteles selbst zu finden, ohne daß der spätere Begriff der Materie und damit die Ursachenlehre des Aristoteles ins Spiel gebracht wird, die noch ganz fern liegt.

Daß Thales im übrigen als einer der großen Weisen Griechenlands in der Überlieferung mit den verschiedensten Eigenschaften und Verdiensten ausgezeichnet wurde, versteht sich ohnehin. Am ehesten mag noch eine polemisch gemeinte Anekdote in die Welt der damaligen Anfänglichkeit passen. Es ist die Geschichte, daß Thales in einen Brunnen gefallen sein soll, der offenbar trocken war, und daß eine Thrakerin ihm herausgeholfen habe. Die Geschichte bekommt wohl nur Hand und Fuß, wenn man annimmt, daß Thales in den trockenen Brunnen eingestiegen ist, um von dort aus die Sterne zu beobachten. Ohne Zweifel war dies ein Mittel genauerer Sternbeobachtung, das damals möglich war. Die Brunnen waren so etwas wie das damalige Fernrohr. Jedenfalls wissen wir, daß die Sternenwelt schon seit Urzeiten überall in den verschiedensten Gegenden der Erde beobachtet worden war.

Es ist aber noch ein anderer Punkt, an dem wir die alten Berichte über Thales ernst nehmen dürfen, und das sind die Berichte über seine Erkenntnisse in der Mathematik. Daß er auf diesem Felde ein Lernender war, von den Ägyptern für die Feldvermessung, von den Babyloniern für die seit langem aufgezeichneten Fälle von Sonnen- und Mondfinsternissen, ist ohnehin klar. So darf man hier wenigstens ein sicheres Resultat verbuchen, nämlich daß gegenüber der ägyptischen und vorderasiatischen Mathematik bei Thales zum ersten Male der Begriff des Beweises, der Begriff der Wissenschaft seine entschiedene Auszeichnung erhalten hat. Wissenschaft ist wahres Wissen erst, wenn es bewiesen werden kann. Es tut hier nichts zur Sache, wieweit solche logischen Ansprüche auf dem Felde der Mathematik damals schon eingelöst wurden. Aber es scheint gesichert, daß weder das überlegene Wissen der Ägypter noch das der Babylonier sich überhaupt für so etwas interessiert haben wie die Beweisbarkeit mathematischer Feststellungen. Ihnen allen ging es um die praktische Anwendung allein. Hier scheint sich in Milet eine erste Auszeichnung von Wissenschaft abzuzeichnen. Wissenschaft besteht nicht nur im Wissen, sondern gerade auch in solchen logischen Bedürfnissen, wie wir es aus Beweisen im Bereich der Mathematik kennen.

Sehr viel reicher ist unser Wissen über den anderen großen Denker aus Milet, Anaximander. Von ihm gibt es sogar einen schriftlich überlieferten Satz, der seit Theophrast Gegenstand unzähliger Interpretationen geworden ist. Es ist der bekannte Satz über das Werden und Vergehen, daß alles, was ist, für einander Rechenschaft und Buße geben muß, nach dem Geheiß der Zeit. Der Satz war ehedem bei Schriftstellern wie Schopenhauer und Nietzsche höchst populär. Weil in dem überlieferten Text das »Einander« fehlte, so konnte man den Satz so verstehen, als ob das Einzelne, das sich vereinzelt hat, für seine Vereinzelung durch seinen Untergang und Rückgang in das Unendliche büßen muß. Seit der originale Text mit dem ›Einander‹ wiederhergestellt ist, klingt uns aber aus dem Satz nicht länger die romantische Krisis der Aufklärung und des heraufziehenden Nihilismus entgegen, als vielmehr das wahre Wesen der Natur. Alles stellt sich in der geregelten Wiederkehr von Tag und Nacht oder von Sommer und Winter immer wieder her. Es ist ein erster Vorklang dessen, was auch wir wohl ›Natur‹ nennen möchten, weil da ein Gleichgewicht ist, das sich in sich selbst wiederherstellt.

Es würde zu weit führen, nun die gesamte Doxographie, die über Anaximander besteht, hier auseinanderzusetzen. Nur das eine können wir wohl mit Gewißheit sagen, daß beides, Kosmogonie und Kosmologie, sicher nicht ganz ohne das Vorbild von Hesiods Theogonie und, wie U. Hölscher gezeigt hat, nach orientalischem Muster, von Anaximander gelehrt worden ist. Natürlich muß man sich das übliche Mißverständnis vom Leibe halten, daß zwischen dem Wasser des Thales und der Luft des Anaximenes das Apeiron, das Grenzenlose oder Unendliche, als eine überlegene Abstraktionsform sinnlicher Substanz gemeint gewesen wäre. Das zeigt nur an, wie unangemessen der aristotelische Begriff der Hyle für die Milesische Schule ist! Aber immerhin, daß hier eine Kosmologie bis in alle Einzelheiten entwickelt worden ist, führt bis an den Punkt heran, an dem die philosophischen Probleme von Weltentstehung und Weltordnung zur Herausforderung des Denkens werden.

Das ist der neue Schritt, für den die eleatische Philosophie und ihre Kritik an solchen Vorstellungsweisen wie des Entstehens und Vergehens ihre Maße genommen haben. Endlich sind wir hier auf festem Boden, sofern der Fleiß des Simplicius, eines der großen Gelehrten des byzantinischen Athen vor der Auflösung der Akademie, große Teile des Lehrgedichts des Parmenides abgeschrieben und kommentiert hat. Das ist das älteste, vor allem aristotelischen und modernen Denken in seinen groben Zügen kenntlich überlieferte Denken. Freilich handelt es sich in Wahrheit auch da nur um ein Bruchstück. Aber immerhin ist das die fast vollständig erhaltene Einleitung zu der großen Konzeption des Parmenides. Was darauf folgt, war freilich in erster Linie die Durchführung einer Physik für die Sterblichen, die die Göttin den Sterblichen empfiehlt. Sie ist nur in wenigen Bruchstükken erhalten. Immerhin muß man sich von dem Anschein freimachen, als ob es nur auf das erhaltene erste Stück ankäme und daß wir von da aus das Ganze der Lehre des Parmenides wirklich rekonstruieren könnten. Man mag diese Einleitung in das Lehrgedicht Logik oder Ontologie nennen und sich vielleicht die Fortsetzung als eine Art Kosmologie vorstellen. Aber worauf es ankommt, ist ja gerade das, was die Göttin den Sterblichen in den Mund legt und wodurch sie sich von den anderen großen Denkern unterscheidet, die damals in Milet ihr neues Weltbild entwickelt hatten. Von hier wird erst wirklich deutlich, was die große Vision des Parmenides war, die ihm ›die Göttin‹ in den Mund gelegt hat. Da ist nämlich nicht nur von der göttlichen Weisheit die Rede, die alles Nichtsein als Nonsens verwirft, also nicht nur von der Kritik am Entstehen und Vergehen und von der unerschütterlichen Anwesenheit der wohlgerundeten Kugel des Seins. Vielmehr ist mit leichter Herablassung und nicht ohne kritische Ironie von der einzig möglichen Form, sich das Viele vorzustellen, die Rede, nämlich von dem Gegensatz von Tag und Nacht, von Helle und Dunkel, der die Vielfalt der Erscheinungen ausmacht. Und ohne daß man sich deshalb ein sich veränderndes Sein oder Nichtsein denken muß! Es ist der bloße Unterschied von Tageshelle und nächtlichem Dunkel, in dem die Dinge anders erscheinen. Dazu paßt nun sehr gut der isolierte Satz des Parmenides, den Aristoteles zitiert und der als Fragment 16 überliefert ist: »Wie sich jeweils die Mischung der Glieder verhält, so stellt sich das Merken dem Menschen ein. Immer ist es dasselbe, was da die Natur der Glieder vernimmt, bei allen Menschen und bei jedem – das ›Mehr‹ ist es, was wir bemerken.«

Ich möchte keine voreiligen Konsequenzen ziehen oder Berichtigungen folgern, die sich aus dem genauen Lesen des Übergangs von der uns allein erhaltenen Einleitung zu der Physik der Sterblichen bei Parmenides ergibt. Aber jedenfalls haben wir die Akzente anders zu setzen als Platon und Aristoteles – und zwar so, daß die Lehre der platonischen Bezugnahme auf das eleatische Denken der Einleitung des Lehrgedichts nicht geradezu widerspricht und ebensowenig der aristotelischen Herleitung der späteren Korpuskulartheorie. Platon führt dann die Einheitslehre des Lehrgedichts in der Entwicklung seiner Dialektik ad absurdum, wie der Parmenides-Dialog zeigt, und Aristoteles sieht in der ›Mischung‹ den gültigen Aspekt, in dem Parmenides, Anaxagoras und Demokrit in die gleiche Richtung weisen. Unterscheiden ist Sich-Scheiden.

Nun gibt es ja ohne Zweifel auch die ständig wachsende mathematische Wissenschaft, deren Anfänge wir bei Thales fanden und die gewiß bei Anaximander in seine Kosmogonie und Kosmologie eingearbeitet war. Schwieriger ist die Frage, wie sich die pythagoreische Überlieferung zu dieser anfangenden Wissenschaft von der Natur verhält. Das ist ein so komplexes Thema, daß wir uns nur mit dem Resultat begnügen müssen, das aus

Platons Stellungnahme einen eindeutigen Wink erkennen läßt. Die pythagoreische Zahlenlehre geht davon aus, daß die in den ganzzahligen Verhältnissen von der Saitenlänge abhängende Harmonie den Seinsrang der Zahlen in der pythagoreischen Lehre bezeugt. Kein Zweifel, daß gerade hier Platon den neuen Schritt tut, wenn er durch seinen Ideenbegriff die einfache Identifikation von Zahl und Sein überwindet und den Schritt über die Idealität der mathematischen Wahrheiten, den Schritt zu der Idealität des Logos und der Dialektik wagt, ohne deshalb zum Sophisten zu werden. Immer bleibt es die Zahl, woran Platon das Sein der Idee gegenüber allen erscheinenden Vielheiten auszeichnet. Aber auch die ausgeführte platonische Ideenlehre sieht sozusagen keine Notwendigkeit, zu erörtern, wie sich eigentlich die Naturdinge in ihrer Einzelheit und Vielheit an dem Sein der Ideen beteiligen. Die Teilhabe des Einzelnen an der Idee ist gar nicht die wahre Teilhabe, in der die platonische Dialektik des Einen und des Vielen ihre Dimension gewinnt. Das ist vielmehr das Verhältnis der Ideen zueinander und damit das, was Platon mit dem Logos im Auge hat. Die Unterscheidung des mathematischen Seins von dem Sein der Ideen ist also mit solcher pythagoreischer Identifikation unvereinbar, und es ist sicherlich gerade das Genie des Theätet gewesen, der für Platon hilfreich war, indem er die gewaltigen Fortschritte der damaligen Mathematik und sogar die Stereometrie bot. Beides sind ›reine‹ Mathematik, für die Platon einsteht.

So wundert man sich nicht, daß in den tiefsinnigen mythischen Spielereien des *Timaios* mit aller Deutlichkeit reines mathematisches Wissen aufgeboten wird, mit dessen Hilfe Platon sogar die Atomtheorie nobilitiert. Sie ist ja ohnehin die radikalste Form der Korpuskulartheorie. Demokrit hat sie gelehrt, aber dessen Name wird von Platon nie erwähnt. Im *Timaios* hat zwar alles mathematische Gestalt und alles baut auf die Idealität des mathematischen Seins der sogenannten platonischen Körper. Gleichwohl wird sie hier ohne Scheu abermals als eine Naturerkenntnis behandelt. Die Dreiecke werden übereinander gelagert wie zu einem Paket und gewinnen so allein eine naturhafte Körperlichkeit. Das gehört natürlich zu dem geistreichen Spiel, in dem überall wissenschaftliche Präzision und kindliche Naivität ineinanderspielen.

Die Schlüsselstellung des *Timaios* darf man also nicht vergessen, wie es in der Neuzeit wegen des Wissenschaftserfolgs des Atombegriffs zugunsten von Demokrit geschehen ist, als sich in der Physik der modernen Wissenschaft die Atomtheorie siegreich durchgesetzt hatte. Die demokritische Atomtheorie war alles andere als mathematisch, wie schon der Begriff des Leeren eindeutig zeigt. Es ist daher kein Wunder, daß sich gerade die produktiven Köpfe der modernen Quantenphysik mit Vorliebe auf den *Timaios* gestützt haben. In Wahrheit ist die moderne Naturwissenschaft, die sich Physik nennt, etwas völlig anderes als der Physis-Begriff der aristotelischen Schullehre. Ja, man kann dort kaum von einem Gebrauch der Mathematik sprechen, wie ihn die neuzeitliche Naturwissenschaft als ihre Grundlage ausgebildet hat. Kant hat es klar gesagt: die Natur ist nichts als ›Materie unter Gesetzen‹, und damit ist die vollendete Gestalt der Newtonschen Physik richtig bezeichnet.

In Wahrheit hatte eben nicht der *Timaios* Platons,

sondern die aristotelische Physik das ganze spätere Altertum bis zum Anbruch der Neuzeit beherrscht, und es war wirklich ein Begriff von Natur, der sich hier aufdrängte, weil die aristotelische Physik die Bewegtheit alles Naturhaften umfaßt. Es ist nach dem Muster des menschlichen Erfahrungslebens, daß auch der Kreislauf der Natur nach dem menschlichen Verhalten gedacht ist, das sich von sich aus bewegt und dorthin bewegt, wo es hin will, das Feuer hinauf zu den Sternen, der fallende Stein hinab zu anderen Steinen. Das von Aristoteles beherrschte Zeitalter brachte in der Zeit des Hellenismus in vielen Richtungen wissenschaftliche Fortschritte. Es war eine komplizierte Astronomie, die nötig geworden war, um die Irrsterne, die Planeten, durch Zusammensetzung von Kreisbewegungen in das kyklische Sternsystem des Altertums einzuordnen. Die Kometen hielt man entsprechend überhaupt nicht für Gestirne, sondern für Meteorsteine. Es ist klar, daß damit eine Einheitlichkeit der täglichen Lebenserfahrung und der Wissenschaft von der Natur etwas Einleuchtendes hatte, so daß selbst mit der Renaissance, das heißt mit der Wiederaufnahme der griechischen Bildungswelt, die beginnende Naturforschung sich weder in der Astronomie noch sonstwo überhaupt von der Einheitlichkeit dieses aristotelischen Weltbildes ganz lösen mochte.

Im allgemeinen glaubt man zwar, daß die Neuzeit und ihre Wissenschaft ihren entscheidenden Schritt mit der kopernikanischen Wende getan hat. Der Domherr von Thorn war gewiß ein guter Humanist und ein kluger Kopf, und so nahm er den revolutionären Gedanken auf, daß die Sonne nicht um die Erde kreist, sondern die Erde um die Sonne. Solche Sinnestäuschung wußte Kopernikus durch Vergil-Zitate sehr schön zu belegen. Die Beschreibung der Sternbewegungen selber blieb aber für ihn noch ganz im alten Rahmen der antiken astronomischen Theorie. Als die Kirche sich mit Rücksicht auf die Schöpfungsgeschichte gegen die umstürzende Idee des Kopernikus wehrte, hatte man nicht ganz unrecht, wenn Osiander das heliozentrische Modell nur für eine harmlose mathematische Umkehrung erklärte und verteidigte. Ein wirklich neues astronomisches Weltbild bahnte sich erst mit Kepler an und nahm seinen wahren Anfang überhaupt nicht an den spektakulären Riesenausmaßen der Sternenwelt. Die eigentliche Revolution begann vielmehr mit der von Galilei geschaffenen Mechanik. Sie konnte zunächst auch für die Kirche ein ganz harmloser Unterschied scheinen – bis Galilei für das Weltbild des Kopernikus in dem Dialog über die beiden Weltsysteme öffentlich Partei nahm.

In Wahrheit bestand die Kühnheit von Galilei darin, zu behaupten, daß alles, was fällt, nach den gleichen Gesetzen fällt und gleichschnell fallen würde, wenn es nicht den Luftwiderstand gäbe. Die bewundernswerte geistige Kraft Galileis vermochte es, sich den freien Fall ›im Geiste‹ so vorzustellen (*mente percipio*), daß das Fallen überhaupt nicht von der Beschaffenheit des fallenden Körpers abhängt. Im Vakuum fällt die Bleiplatte nicht schneller als eine Bettfeder. Das konnte damals noch niemand durch Experiment bestätigen! Solches Abgehen vom Augenschein war die eigentliche neue Kühnheit mathematisch konstruktiven Denkens, das wir moderne Wissenschaft nennen. Die Mathematik änderte damit ihren eigentlichen Funktionssinn. Sie diente jetzt der Beschreibung von Meßwerten, an denen sich die konstruktive Kooperation an Meßdaten, von Zeit und Raum und Beschleunigung, ergab. Das sind die Gesetze des freien Falls, und sie sind ganz unabhängig von dem Gewicht der fallenden Körper. Die mathematische Abstraktion erwies sich damit als das Verfahren, das sich in der Beherrschung der Naturkräfte immer mehr bewähren sollte. Eine erste Vollendung erreichte dann Newton, der das antike Erbe, nämlich die totale Trennung der Himmelswelt von der sublunaren Welt, überwand. Seit Newton erst gab es ein und dieselbe Wissenschaft für Himmel und Erde.

In der Antike hatte die Mathematik als die eigentliche Wissenschaft gegolten, und insofern war ›die Wissenschaft‹ nicht eigentlich Naturwissenschaft und war überhaupt nicht auf Erfahrung angewiesen. Erst im späteren Hellenismus hatte die aristotelische Schule eine wachsende Nachwirkung in vielen fachlichen Wissensrichtungen. Die Philosophie selber verlor ihre umfassende Geltung und konzentrierte sich mehr und mehr wie ein unsterblicher Sokrates in Richtung auf die praktische Philosophie. Man denke nur an die Stoa und an die Wirkung Epikurs. Erst mit dem späten Neuplatonismus und seiner Nachwirkung auf die Kirchenväter, und zum Teil von der arabisch übermittelten aristotelischen Physik inspiriert, wurde die griechische Philosophie in den Dienst der christlichen Theologie gestellt. Das ist es, was wir Scholastik nennen und was im Zeitalter der Renaissance, des Humanismus und der Reformation das Aufkommen der neuen Wissenschaften vorbereitet hat, vor allem Jurisprudenz und Medizin. Der Fortschritt der neuzeitlichen Naturwissenschaft fand damals weniger an den Universitäten statt. Die eigentlichen Forscher befanden sich nicht an diesen scholastisch beherrschten Schulen. Selbst Leibniz noch nicht, der immerhin die folgenreiche Aufgabe in Angriff nahm, die griechische Philosophie mit der Wissenschaft der Neuzeit zusammenzuführen.

Man versteht, daß in dieser Epoche der Aufklärung, unter diesen Umständen, als die Wissenschaft der Neuzeit ihren Siegeszug begann, die Grenzen der neuen Wissenschaft auch bald fühlbar wurden. Schon im Jahrhundert Descartes' sprach Pascal von zwei Formen des Geistes, von dem ›esprit géométrique‹ und von dem ›esprit de finesse‹. Im Wissenschaftsbewußtsein der Zeit hatte die ›Geometrie‹ klar den Vorrang. Selbst der ›geometrische‹ Garten des 18. Jahrhunderts wurde erst spät durch den naturnahen ›englischen Garten‹ abgelöst. So wurde unter dem technischen Fortschritt der Wissenschaften die Naturphilosophie auch mehr und mehr aus dem philosophischen Bewußtsein verdrängt. Das wirkt bis heute nach. An der Bezeichnungsweise für Wissenschaft wird das in anderen Sprachen ganz handgreiflich. Das deutsche Wort ›Wissenschaft‹ selber war vor zweihundert Jahren noch nicht der eindeutige Ausdruck für die neue Wissenschaft. Man konnte auch von etwas, was man wußte, etwa weil man es schon einmal erfahren hatte, sagen: Ja, ich habe Wissenschaft davon. Dagegen ist in der angelsächsischen Welt das Wort ›science‹ überhaupt nur für die Naturwissenschaften verwendbar. Was wir Geisteswissenschaften nennen, heißt dort ›humanities‹ oder in Frankreich ›lettres‹. Das sind in Wahrheit mühsame Ersatzbildungen, die anders als der deutsche Begriff der Geisteswissenschaften die Monopolstellung der Naturwissenschaft anerkennen.

Es war eben so, daß der Begriff der Methode erst die

Wissenschaft zur Wissenschaft macht, wie er im Titel von Descartes' berühmter Schrift *Discours de la Méthode* erscheint. Dieser neue Begriff von Wissenschaft fand seine Krönung dann unter dem Titel *Philosophiae naturalis principia mathematica* bei Newton. In Wahrheit war das nicht ›Philosophie‹ in unserem Sinne, sondern eine auf das ganze Sonnensystem ausgeweitete Physik. Sie fand dann ihre philosophische Rechtfertigung durch Kants *Kritik der reinen Vernunft*, welche die ›dogmatische Metaphysik‹ durch ihre Kritik ›zermalmte‹. Für Kant selber war das aber nicht der entscheidende Teil seiner Philosophie. Diese bestand vielmehr auf der Wiederbegründung der Metaphysik, aber auf einem neuen Boden, dem Postulat der Freiheit. In der Geschichte des 19. Jahrhunderts hat jedoch die Wiederaufnahme des Kantianismus nur die *Kritik der reinen Vernunft* im Auge. Das hat für sie eine solche Vorzugsstellung geschaffen, daß die Moralphilosophie Kants außerhalb Deutschlands kaum Beachtung gefunden hat und wohl bis heute auf unbegründete Vorurteile stößt.

Das gleiche gilt für den deutschen Idealismus im Ganzen. In der Dreiheit von Fichte, Schelling und Hegel wurde in der Nachfolge von Leibniz und Kant ein allumfassendes System der Philosophie unter dem Titel, den Hegel gewählt hat, »Enzyklopädie der philosophischen Wissenschaften« der Aufgabe gewidmet, das Ganze der Wissenschaften zu umfassen. Schelling hatte bereits die Naturphilosophie als den physikalischen Beweis des transzendentalen Idealismus neu in die Philosophie hineingeholt, und Hegel ist ihm darin gefolgt. Trotzdem wurde die Naturphilosophie unter dem Aufschwung der naturwissenschaftlichen Forschung im

19. Jahrhundert schnell (vielleicht gar zu schnell) vergessen. Jedenfalls war das Zeitalter der Wissenschaft von der Natur oder der Geschichte nicht ein Zeitalter für die Philosophie. Es ist bezeichnend genug, daß in der nachhegelschen Epoche die wohlbekannte Unterscheidung von Naturwissenschaften und Geisteswissenschaften ein ständiges Thema geworden ist und als ›Erkenntnistheorie‹ die Wissenschaften philosophisch begründen wollte.

Damit bin ich an den Punkt gekommen, an dem die Frage der Konfrontation der Wissenschaft der Antike mit der Wissenschaft der Neuzeit bereits in der Stellung der Frage bedenklich geworden ist. Es sind eben zwei sehr verschiedene Wissenschaftsbegriffe, von denen ich nicht glauben kann, daß man sie als eine begriffliche Unterscheidung am Naturbegriff selbst verifizieren kann. Die Naturwissenschaften, wie sie sich entwickelt haben, kennen eigentlich keinen universalen Naturbegriff. Das liegt geradezu in dem Methodenbegriff der Wissenschaftlichkeit begründet, der selbst noch die Anwendung auf den Unterschied von Naturwissenschaften und Geisteswissenschaften fragwürdig macht.

Soweit reicht meine Darstellung des antiken Hintergrundes des europäischen Wissenschaftsgedankens, durch den die Weltkultur Europas den ganzen Erdball beherrscht. Immer wieder versucht man die Einheit der Wissenschaft gegen diese Unterschiede aufzubieten, und das gilt auch für die gegenwärtige Problemlage, der sich unsere Diskussion widmet. Betrachtet man nur den Stand der modernen Physik, so erkennen wir zwar gewiß das antike Erbe darin, das vor allem in der Entwicklung der Mathematik besteht. Auf der anderen Seite aber ist der Naturbegriff selber kaum in den Wissenschaften als solcher ein Thema gewesen. Man zählt es eher zu einer Episode der mitteleuropäischen Geistesgeschichte, daß die Kritik der Aufklärung und ihres Verstandeshochmuts durch Rousseau über ganz Europa gehört worden ist. Die deutsche Romantik ist das Kernland geworden, von dem aus auch die Geisteswissenschaften ihre spezifische Prägung erhalten haben. Bei Hölderlin findet sich der Vers: »Die Natur ist jetzt mit Waffengewalt erwacht.« So etwas kann man wohl kaum in der Mitte unseres Jahrhunderts wieder gehört haben. Erst ein neues Aufblühen der Technokratie und der sie begleitenden Bürokratie hat in der Reaktion auf die industrielle Revolution zu einer Wiederaufnahme des Naturbegriffs geführt, den wir alle unter der ökologischen Parole des ›Naturschutzes‹ kennen. Die führende naturwissenschaftliche Disziplin, die wir aus der Wissenschaftssituation gar nicht wegdenken können, bleibt in unserem Jahrhundert die Physik, die Relativitätstheorie und die Quantenphysik. Die Grenzprobleme der messenden Wissenschaft haben dort den letzten Rest von Anschaulichkeit mit der mathematischen Durchformulierung der Physik eliminiert. Es sind die Symmetriegleichungen, die an die Stelle des Naturbegriffs der Philosophie getreten sind.

Es wird die Aufgabe unserer Diskussion sein, ob etwa die Situation der Naturwissenschaften von heute unter ihren neuen Akzentuierungen auch eine neuartige Konfrontation mit dem antiken Erbe der Wissenschaft heraufführen kann. Man könnte es heute in gewissem Umfange von der Biochemie erwarten, die jetzt Probleme, die wir mit dem Begriff der Physis, der lebendig wachsenden Natur, verbinden, in das Zentrum des Forschungsinteresses gestellt hat. Aber es könnte sein, daß sowohl die verrufene Naturphilosophie wie auch die Wiedererinnerung an den antiken Begriff der Physis neue Problemhorizonte sichtbar machen. So werden wir zu lernen haben. Eines freilich wird man davon nicht erwarten dürfen, daß sich durch die Einbeziehung der Zeitdimension und die Evolution des Universums der Gegensatz zwischen Natur- und Geisteswissenschaften verringern könnte. Das Gegenteil ist der Fall. Seit wir von der Geschichte des Universums und von *process* und *reality* mit neuem Interesse mehr und mehr wissen, wird uns die völlige Andersheit der auf Gedächtnis und Erinnerung und Überlieferung errichteten Wissenswelt der ›Lebenswelt‹, und damit auch der sogenannten Geisteswissenschaften, mit neuer Klarheit bewußt. In ihnen wird das religiöse wie das philosophische Erbe unserer abendländischen Kultur immer wieder lebendig.

In einem gewissen Sinne sollte man aber die Andersheit der Geisteswissenschaften nicht geradezu als einen Gegensatz zu den Naturwissenschaften ansehen. Es geht auch in den Geisteswissenschaften nicht um romantische Träume. Man sollte nicht vergessen: Es ist die Natur selbst, die uns zur Kultur genötigt hat. So gilt auch weiterhin, daß wir ohne die Kultur nicht überleben können.

Textnachweise

Einleitung. – Originalbeitrag.

Zur Überlieferung Heraklits (1974). – Erstdr. in: Sein und Geschichtlichkeit. Festschrift für Karl-Heinz Volkmann-Schluck. Frankfurt a. M. 1974. S. 3–14. – Wiederabgedr. in: Hans-Georg Gadamer: Gesammelte Werke. Bd. 6: Griechische Philosophie II. Tübingen 1985. S. 232–241. (U. d. T.: Vom Anfang bei Heraklit.) – © 1985 J. C. B. Mohr (Paul Siebeck), Tübingen.

Heraklit-Studien (1990). – Zuerst vorgetragen für die Heidelberger Akademie der Wissenschaften (Philosoph.-histor. Klasse) am 11. Februar 1984. – In: Hans-Georg Gadamer: Gesammelte Werke. Bd. 7: Griechische Philosophie III. Plato im Dialog. Tübingen 1991. S. 43–82. – © 1991 J. C. B. Mohr (Paul Siebeck), Tübingen.

Antike Atomtheorie (1935). – Erstdr. in: Zeitschrift für die gesamte Naturwissenschaft 1 (1935–36) S. 81–95. – Wiederabgedr. in: Hans-Georg Gadamer: Gesammelte Werke. Bd. 5: Griechische Philosophie I. Tübingen 1985. S. 263–279. – © 1985 J. C. B. Mohr (Paul Siebeck), Tübingen.

Platon und die vorsokratische Kosmologie (1964). – Erstdr. in: Epimeleia. Festschrift für Helmut Kuhn. München 1964. S. 127–142. – Wiederabgedr. in: Gadamer: Gesammelte Werke. Bd. 6. S. 58–70. (U. d. T.: Platon und die Vorsokratiker.) – © 1985 J. C. B. Mohr (Paul Siebeck), Tübingen.

Die griechische Philosophie und das moderne Denken (1978). – Erstdr. in: Festschrift für Franz Wieacker zum 70. Geburtstag. Hrsg. von O. Berends [u. a.]. Göttingen 1978. S. 361–365. – Wiederabgedr. in: Gadamer: Gesammelte Werke. Bd. 6. S. 3–8. – © 1985 J. C. B. Mohr (Paul Siebeck), Tübingen.

Der Naturbegriff und die Naturwissenschaft. In: Colloquium Philosophicum. Annali del Dipartimento di Filosofia 1 (1994/95) S. 9–22. (U. d. T.: Der Naturbegriff bei den Griechen und in der modernen Physik.) – © 1994, 1998 Hans-Georg Gadamer.

Die Texte wurden für die vorliegende Ausgabe vom Autor neu durchgesehen.

Deutsche Philosophie der Gegenwart

IN RECLAMS UNIVERSAL-BIBLIOTHEK

Hans Albert, Kritische Vernunft und menschliche Praxis. 214 S. UB 9874

Ulrich Beck, Die feindlose Demokratie. 195 S. UB 9340

Dieter Birnbacher, Tun und Unterlassen. 389 S. UB 9392 – Verantwortung für zukünftige Generationen. 297 S. UB 8447

Hans Blumenberg, Ein mögliches Selbstverständnis 221 S. UB 9650 – Wirklichkeiten, in denen wir leben. 176 S. UB 7715 – Lebensthemen. 173 S. UB 9651

Rüdiger Bubner, Zur Sache der Dialektik. 165 S. UB 9974

Günter Figal, Der Sinn des Verstehens. 157 S. UB 9492

Günter Figal, Nietzsche. Eine philosophische Einführung. 293 S. UB 9752

Kurt Flasch, Augustin. Einführung in sein Denken. 487 S. UB 9962 – Das philosophische Denken im Mittelalter. Von Augustin zu Macchiavelli. 720 S. UB 8342

Manfred Frank, Selbstbewußtsein und Selbsterkenntnis. Essays zur analytischen Philosophie der Subjektivität. 485 S. UB 8689 – Stil in der Philosophie. 115 S. UB 8791

Hans-Georg Gadamer, Die Aktualität des Schönen. Kunst als Spiel, Symbol und Fest. 77 S. UB 9844 – Der Anfang der Philosophie. 175 S. UB 9495 – Der Anfang des Wissens. 181 S. UB 9756

Gerhard Gamm, Der Deutsche Idealismus. 274 S. UB 9655

Lutz Geldsetzer, Die Philosophenwelt. In Versen vorgestellt. 306 S. UB 9404

Lutz Geldsetzer / Hong Han-ding, Grundlagen der chinesischen Philosophie. 328 S. UB 9689

Paul Hoyningen-Huene, Formale Logik. Eine philosophische Einführung. 335 S. UB 9692

Volker Gerhardt, Pathos und Distanz. Studien zur Philosophie Friedrich Nietzsches. 221 S. UB 8504

Jürgen Habermas, Politik, Kunst, Religion. 151 S. UB 9902

Dieter Henrich, Selbstverhältnisse. Gedanken zu den Grundlagen der klassischen Philosophie. 212 S. UB 7852

Otfried Höffe, Den Staat braucht selbst ein Volk von Teufeln. Philosophische Versuche zur Rechts- und Staatsethik. 174 S. UB 8507

Bernulf Kanitscheider, Kosmologie. Geschichte und Systematik in philosophischer Perspektive. 512 S. UB 8025

Reinhard Knodt, Ästhetische Korrespondenzen. Denken im technischen Raum. 166 S. UB 8986

Hans Lenk, Macht und Machbarkeit der Technik. 152 S. UB 8989

Wolf Lepenies, Gefährliche Wahlverwandtschaften. Essays zur Wissenschaftsgeschichte. 165 S. UB 8550

Odo Marquard, Abschied vom Prinzipiellen. 152 S. UB 7724 – Apologie des Zufälligen. 144 S. UB 8351 – Skepsis und Zustimmung. Philosophische Studien. 137 S. UB 9334

Ekkehard Martens, Zwischen Gut und Böse. 222 S. UB 9635

Günther Patzig, Tatsachen, Normen, Sätze. 183 S. UB 9986

Norbert Schneider, Erkenntnistheorie im 20. Jahrhundert. 334 S. UB 9702 – Geschichte der Ästhetik von der Aufklärung bis zur Postmoderne. 352 S. UB 9457

Joachim Schulte, Wittgenstein. Eine Einführung. 248 S. UB 8564

Walter Schulz, Vernunft und Freiheit. Aufsätze und Vorträge. 175 S. UB 7704

Roland Simon-Schaefer, Kleine Philosophie für Berenike. 263 S. UB 9466

Robert Spaemann, Philosophische Essays. Erweiterte Ausgabe 1994. 264 S. UB 7961

Holm Tetens, Geist, Gehirn, Maschine. Philosophische Versuche über ihren Zusammenhang. 175 S. UB 8999

Ernst Tugendhat, Probleme der Ethik. 181 S. UB 8250

Ernst Tugendhat / Ursula Wolf, Logisch-semantische Propädeutik. 268 S. UB 8206

Gerhard Vollmer, Biophilosophie. 204 S. UB 9396

Carl Friedrich von Weizsäcker, Ein Blick auf Platon. Ideenlehre, Logik und Physik. 144 S. UB 7731

Wolfgang Welsch, Ästhetisches Denken. 228 S. 19 Abb. UB 8681 – Grenzgänge der Ästhetik. 350 S. UB 9612

Philipp Reclam jun. Stuttgart